bhv PRAXIS

Wissenschaftliche Arbeiten mit OpenOffice

Winfried Seimert

bhv PRAXIS
Wissenschaftliche Arbeiten mit OpenOffice

Bibliografische Information Der Deutschen Nationalbibliothek

Die Deutsche Nationalbibliothek verzeichnet diese Publikation in der Deutschen Nationalbibliografie; detaillierte bibliografische Daten sind im Internet über <http://dnb.d-nb.de> abrufbar.

Bei der Herstellung des Werkes haben wir uns zukunftsbewusst für umweltverträgliche und wiederverwertbare Materialien entschieden.

Der Inhalt ist auf elementar chlorfreies Papier gedruckt.

ISBN 978-3-8266-7546-1
1. Auflage 2011

E-Mail: kundenbetreuung@hjr-verlag.de

Telefon: +49 89/2183-7928
Telefax: +49 89/2183-7620

© 2011 bhv, eine Marke der Verlagsgruppe Hüthig Jehle Rehm GmbH
Heidelberg, München, Landsberg, Frechen, Hamburg

Dieses Werk, einschließlich aller seiner Teile, ist urheberrechtlich geschützt. Jede Verwertung außerhalb der engen Grenzen des Urheberrechtsgesetzes ist ohne Zustimmung des Verlages unzulässig und strafbar. Dies gilt insbesondere für Vervielfältigungen, Übersetzungen, Mikroverfilmungen und die Einspeicherung und Verarbeitung in elektronischen Systemen.

Printed in Germany

Lektorat: Steffen Dralle
Korrektorat: Renate Feichter
Satz: Petra Kleinwegen

Inhalt

	Einleitung	**9**
	Inhalt der Buch-CD	10
1	**Basiswissen**	**11**
	Wissenschaftliches Schreiben	12
	Bestandteile einer wissenschaftlichen Arbeit	12
	Vorgehensweise	15
	Ordnung ins System	17
	Ordner	17
	Ordnerstruktur	20
	Dateien	22
	Steuerzeichen	28
2	**Seitenaufbau**	**31**
	Dokumentvorgaben umsetzen	32
	Grundlegender Seitenaufbau	32
	Seitenvorlagen	35
	Seitenvorlage »Titelblatt«	39
	Seitenvorlage »Verzeichnisse«	40
	Seitenvorlage »Textteil«	45
	Seitenvorlage »Anhänge«	49
	Dokumentvorlagen erstellen	50
	Eine Vorlage erstellen	51
	Vorlagen verwalten	55
3	**Seiten gestalten: Formatierungen und Formatvorlagen**	**59**
	Formatierungen	60
	Zeichenformatierung	60
	Absatzformatierung	64
	Formatvorlagen	69
	Formatvorlagen anpassen	71
	Formatvorlagen einzeln anpassen	73
	Formatvorlage aus Selektion erstellen	79
	Neue Formatvorlage erstellen	81
	Formatvorlagen zuweisen	84

4 Aufmerksamkeit erregen: Visuelle Hilfsmittel — 87

- Aufzählungen und Nummerierungen — 88
  - Grundlegendes — 88
  - Formatvorlagen — 92
- Abbildungen — 102
  - Grafiken und Bilder einfügen — 102
  - Grafiken bearbeiten — 104
  - Grafik positionieren — 108
  - Formatvorlage »Grafik« — 110
- Zeichnungen — 112
  - Zeichnen mit Draw — 113
  - Übernehmen in Writer — 117
- Diagramme — 118
- Formeln — 121
- Formeleingabe — 123
  - Allgemeine Vorgehensweise — 123
  - Komplexere Formeln — 124
  - Formel anpassen oder ändern — 126
  - Symbole — 126
  - Chemische Zeichen — 127
- Tabellen — 128
  - Tabellen anlegen — 128
  - Tabellen formatieren — 132

5 Wissen belegen: Wissenschaftliche Hinweise — 137

- Zitate — 138
  - Formatvorlage Zitat — 139
  - Quellennachweise — 140
- Verweise — 143
- Textmarken — 145
- Verzeichnisse — 146
  - Inhaltsverzeichnis — 147
  - Abbildungen — 151
  - Stichwörter (Index) — 156
  - Literaturverzeichnis — 159

6 Effizient arbeiten: Nützliche Hilfsmittel — 169

Schneller arbeiten — 170
    »AutoText« und TBS — 170
    AutoText erstellen — 170
    AutoText verwalten — 174
    AutoKorrektur — 175
Microsoft-Office-Dateien — 178
Symbolleisten — 181
Kurz vor Schluss: Korrekturmaßnahmen — 185
    Suchen und ersetzen — 185
    Silbentrennung — 189
    Rechtschreibung — 191
    Wörterbuch — 194
    Typografische Hürden — 195
    Thesaurus — 195
    Zeichen, Wörter und Zeilen zählen — 196
Drucksachen — 197
    Seitenansicht — 197
    Drucken mit Kontrolle — 198
    Erstellen von PDFs — 200

Index — 201

Einleitung

Sie müssen eine wissenschaftliche Arbeit, ein Referat, ein Essay, ein Protokoll, eine Semester- oder Abschlussarbeit erstellen und fürchten sich schon vor den vermeintlich großen Mühen und Qualen? Sie haben von Ihrem Verlag, Ihrer Schule, Ihrem Lehrstuhl oder Unternehmen den Auftrag bekommen, einen größeren Text zu verfassen, und man hat Ihnen ein Manual in die Hand gedrückt, das präzise vorschreibt, wie was auszusehen hat?

Dann nutzen Sie am besten die Möglichkeiten der beliebten und kostenlosen Officesuite OpenOffice 3, um sich das Schreiben zu erleichtern! Das Schöne daran ist, dass Sie lediglich einfache Computer- und Textverarbeitungskenntnisse und ein wenig Geduld benötigen. Was das Buch Ihnen nicht bieten kann, ist eine Hilfe zum inhaltlichen Aufbau und zum allgemeinen Vorgehen. Im Regelfall gilt es, Vorgaben einer Universität, eines Fachbereichs, eines Verlags oder einer Redaktion zu beachten und diese möglichst einfach und effektiv umzusetzen. Und genau dabei möchte ich Ihnen helfen und Ihnen einen kleinen Ratgeber zur Seite stellen. Entdecken Sie, was OpenOffice so alles zu bieten hat. Ich bin mir sicher, dass Sie das eine oder andere Problem nach der Lektüre schneller und besser lösen können.

Sie werden sehen, wie Sie Vorgaben hinsichtlich der Seitengestaltung gekonnt umsetzen, warum man besser Dokument- und Formatvorlagen versenden sollte und wie man mit großen Texten effizient arbeitet. Dieses Buch soll Ihnen dabei helfen, Ihre wissenschaftliche Arbeit unkompliziert zu gestalten. Es ist dabei so angelegt, dass Sie beim kompletten Durcharbeiten über eine fertige Vorlage verfügen, die Sie problemlos an Ihre Wünsche oder eventuelle Vorgaben anpassen können. Nebenbei erfahren Sie auch ein paar interessante Tricks und Kniffe, wie das Arbeiten mit OpenOffice leichter von der Hand geht. Selbstverständlich kommt auch das Thema Visualisierung zur Sprache und Sie werden sehen, wie Draw-Grafiken oder Calc-Tabellen eingebunden werden. Danach erfahren Sie, worauf man bei Quellennachweisen mit Kurzbelegen und Fußnoten achten muss, wie man Informationen mit Textmarken und Verweisen schneller findet und wie mühelos man perfekte Inhalts-, Abbildungs- oder Stichwortverzeichnisse erstellt. Schließlich lernen Sie noch, wie man unnötige

Fehler vermeidet und eliminiert, Ausdrucke ohne Probleme bewältigt und PDF-Dokumente erstellt. Für die ganz Ungeduldigen unter Ihnen befindet sich auf der CD eine komplette mit Blindtexten gefüllte Seminararbeit, die Sie lediglich austauschen müssen, und eine sofort einsetzbare Dokumentvorlage.

Inhalt der Buch-CD

Auf der CD finden Sie neben einer kompletten OpenOffice-Version die gezeigten Beispieldateien und -vorlagen jeweils nach Kapiteln geordnet. Ferner finden Sie eine mit Blindtext gefüllte fertige Seminararbeit und eine sofort einsetzbare Dokumentvorlage.

1 Basiswissen

Ziele

⇨ Den Einstieg in das wissenschaftliche Schreiben zu erleichtern

⇨ Entscheidungshilfen für den grundlegenden Aufbau zu geben

⇨ Über eine für das wissenschaftliche Arbeiten optimal eingestellte Writer-Arbeitsumgebung zu verfügen

Schritte zum Erfolg

⇨ Prüfen Sie, welche Bestandteile einer wissenschaftlichen Arbeit für Sie in Frage kommen

⇨ Bereiten Sie die Speicherorte vor und legen Sie eine Ordnerstruktur an

⇨ Machen Sie die Dateinamenerweiterungen sichtbar

⇨ Stellen Sie Writer optimal ein

Beim wissenschaftlichen Schreiben handelt es sich meist um umfangreichere Arbeiten, die bestimmten Vorgaben unterliegen. Bevor Sie loslegen, sollten Sie sich zunächst erkundigen, welche Vorgaben zu beachten sind und welche Teile die Arbeit unbedingt enthalten muss. Des Weiteren ist es hilfreich, Writer anzupassen, damit Sie sich danach ungestört dem eigentlichen Schreiben widmen können.

Wissenschaftliches Schreiben

Wenn Sie einen größeren wissenschaftlichen Text erstellen, werden Sie sehr oft eine Vielzahl von Vorgaben zu beachten haben. Zum einen sind das gängige DIN-Normen, aber auch Vorgaben, die beispielsweise ein betreuender Lehrstuhl, ein Unternehmen, eine Redaktion oder ein Verlag vorgibt. Im Regelfall gilt es diese so umzusetzen, dass Sie sich danach in Ruhe und ohne Probleme dem Text widmen können.

TIPP

Nehmen Sie sich für diese Vorbereitungen ausreichend Zeit. Es wird sich mehr als lohnen, denn gerade bei großen Texten können spätere Änderungen – unnötigen – Kummer bereiten.

Am Anfang werden Sie mit zwei Problembereichen zu kämpfen haben:

⇨ Was brauche ich?

⇨ Wie packe ich es an?

Bestandteile einer wissenschaftlichen Arbeit

Wissenschaftliche Arbeiten können recht unterschiedlich aufgebaut sein. Es gibt aber gewisse Zusammensetzungen, die sich immer wiederholen. So könnten Sie es mit folgenden Bestandteilen (deren Reihenfolge und Existenz wiederum von der Aufgabenstellung abhängen kann) zu tun haben.

Im Allgemeinen kann man diese in drei Abschnitte unterteilen: die einleitenden Bestandteile, den eigentlichen Inhalt der Arbeit und die Anhänge.

Einleitende Bestandteile

Die einleitenden Bestandteile führen auf den eigentlichen Inhalt hin und sollen dem Leser einen Überblick über den folgenden Text geben. Gemeinsam ist allen Bestandteilen, dass ihre Überschriften nicht nummeriert werden.

Dieser Teil kann aus folgenden Elementen bestehen:

- ⇨ *Leerblatt:* Ein Leerblatt dient lediglich als Schmuck und/oder Schmutzschutz und zählt bei der Nummerierung nicht mit. Wenn Sie ein solches Element verwenden wollen oder müssen, dann fügen Sie einfach am Ende aller Arbeiten ein leeres Blatt vor dem Titelblatt ein.

- ⇨ *Titelblatt:* Das Titelblatt enthält im Regelfall das Thema der Arbeit, den Autorennamen und das Abgabedatum. Es zählt bei der Paginierung mit, allerdings erscheint keine Seitenangabe.

- ⇨ *Kurzfassung:* Das erste Blatt, das die Seitenangabe anzeigt, ist die Kurzfassung, die dem Leser eine Zusammenfassung der Abhandlung bietet und ihn so auf das Folgende einstimmt.

- ⇨ *Inhaltsverzeichnis:* Es folgt das Inhaltsverzeichnis, welches Sie mithilfe von Formatvorlagen und Verzeichniseintragsfeldern erstellen und das ständig automatisch aktualisiert wird.

- ⇨ *Weitere Verzeichnisse:* Auch die weiteren eventuell benötigten Verzeichnisse (Abbildungsverzeichnis, Tabellenverzeichnis oder Abkürzungsverzeichnis) können von Writer automatisch eingerichtet und aktualisiert werden.

- ⇨ *Widmung* und/oder *Vorwort:* Der Abschluss der einleitenden Elemente bildet entweder Widmung und/oder Vorwort, die beide keine Pflichtteile einer wissenschaftlichen Arbeit darstellen.

Textteil

Der eigentliche Textteil besteht zumeist aus drei Bestandteilen: der Einleitung, dem Hauptteil und dem Schluss.

⇨ Die *Einleitung* dient der Darstellung der Problemstellung und der Abgrenzung des *Themas* von anderen Problematiken.

⇨ Im *Hauptteil* werden zunächst die Methoden dargestellt, d.h., die Vorgehensweise wird erläutert. Danach finden sich die Ergebnisse, die sehr oft durch Tabellen oder Grafiken dargestellt werden. Abschließend werden diese diskutiert, wobei die Ergebnisse verglichen und in Beziehung zueinander gesetzt werden. Schließlich wird aufgrund der Erkenntnisse ein Ausblick gegeben.

⇨ Der *Schluss* stellt eine Zusammenfassung dar und liefert die wichtigsten Ergebnisse im Überblick.

Der Inhalt dieses Teils besteht aus Kapiteln, die nummerierte Überschriften besitzen.

Anhänge

Die Anhänge enthalten ergänzende Informationen, die für die Aufnahme in die Kapitel zu umfangreich sind. An dieser Stelle können sich die folgenden Bestandteile finden:

⇨ *Glossar*: Im Glossar werden die wichtigsten Begriffe der Arbeit definiert und ermöglichen dem Leser so, sich schnell Klarheit zur verschaffen.

⇨ *Literaturverzeichnis*: Das Literaturverzeichnis enthält die im Text verwendeten Quellen.

⇨ *Eidesstattliche Erklärung*: Mit dieser Passage wird versichert, dass die vorgelegte Arbeit selbstständig verfasst und keine anderen als die angegebenen Hilfsmittel verwendet wurden, dass die Stellen, die anderen Werken wörtlich oder sinngemäß entnommen sind, als solche kenntlich gemacht wurden und dass die Arbeit in gleicher oder ähnlicher Form bislang noch keiner anderen Prüfungsbehörde vorgelegen hat.

⇨ *Index*: Der Index, auch *Stichwortverzeichnis* genannt, hilft dem Leser schnell, eine bestimmte Stelle im Text aufzufinden.

⇨ *Sonstiges:* Gegebenenfalls folgen noch eine *Danksagung* sowie sonstige Bestandteile, die sonst nirgends einzuordnen sind (z.B. Grafiken, Fragebögen usw.).

Sie sehen, es gilt eine Reihe von Bestandteilen zu erstellen und anzulegen. Diese werden Sie in den einzelnen Kapiteln nach und nach kennen lernen und am Ende eine fertige Vorlage angelegt haben, die Sie für Ihre eigenen Zwecke anpassen können.

Vorgehensweise

Doch bevor es richtig losgeht, stellen Sie sich bestimmt die Frage: Wie packe ich es nun an? Das ist sicherlich die am meisten gestellte Frage, wenn Sie vor einer größeren Arbeit stehen. Es gibt da meines Erachtens kein Geheimrezept, denn jeder wird vermutlich anders vorgehen. Das ist auch gut so und Sie sollten Ihren gewohnten Arbeitsstil ruhig einsetzen. Deshalb bleibt mir nur der allgemeine Ratschlag: Packen Sie es an! Wie immer Ihre Arbeitsweise aussieht, es ist gewiss hilfreich, sich einen roten Faden anzulegen. Wenn Sie den Ablauf Ihrer Arbeit erst einmal grob vor Augen haben, kommt der Rest (fast) von allein. Dabei können Sie sich an die folgenden sieben Schritte halten, nachdem die meisten wissenschaftlichen Texte, gleichgültig ob Referat oder Haus-, Diplom- oder Abschlussarbeit, aufgebaut sind:

⇨ *Einarbeiten ins Thema bzw. in die Problematik:* Dieser Teil wird sehr oft von den Vorgaben bestimmt. Machen Sie sich mit der Aufgabenstellung vertraut. Vergessen Sie aber nicht, auch einmal über den Tellerrand zu blicken, denn allzu oft bieten sich ungeahnte Lösungsansätze.

⇨ *Material sammeln und sichten:* Ist die Richtung klar, geht es ans Sichten der Literatur, um entweder die eigenen Thesen zu belegen oder andere Thesen zu widerlegen. Dabei sollten Sie sich gleich die Gedanken notieren, die Ihnen beim Sichten durch den Kopf schießen. Nehmen Sie dazu doch einfach eine Writer-Tabelle. Hier können Sie die Daten der Quelle und Ihre Gedanken übersichtlich anordnen.

⇨ *Material auswerten:* Nach einer gewissen Zeit sollten Sie Ihr Material auswerten. Dabei wird sicherlich das eine oder andere wegfallen und Sie werden merken, dass an verschiedenen Stellen noch etwas fehlt. Fragen Sie sich vor allem, ob der Text für Ihre Argumentationskette hilfreich ist.

⇨ *Material verarbeiten:* Das verbleibende Material sollten Sie – sofern Sie es nicht schon getan haben – übersichtlich anordnen und beginnen, daraus eine Gliederung zu erarbeiten.

⇨ *Dokument einrichten:* Bevor Sie mit dem eigentlichen Schreiben beginnen, sollten Sie zunächst Ihr Dokument einrichten. Das ist der Punkt, an dem dieses Buch ins Spiel kommt. An dieser Stelle gilt es, die Vorgaben hinsichtlich des Layouts umzusetzen und entsprechend einzurichten. Nehmen Sie sich unbedingt etwas Zeit für diese Arbeiten und machen Sie es nicht auf den letzten Drücker. Je mehr Konzentration Sie auf diesen Punkt legen, desto weniger Probleme werden Sie später haben.

⇨ *Schreiben:* Irgendwann kommen Sie zu dem Punkt, den jeder Autor fürchtet: Es geht mit dem Schreiben los. Quälen Sie sich nicht lange herum, um die Einleitung zu schreiben. Fangen Sie mit dem an, was Ihnen liegt. Die Lust kommt beim Schreiben und dank eines modernen Textverarbeitungsprogramms wie Writer können Sie Ihre Texte später immer noch in Ruhe hin- und herschieben. Hier bietet beispielsweise die Gliederungsfunktion hervorragende Dienste. Und eine Einleitung können Sie, wenn erst einmal der Hauptteil steht, immer noch schreiben.

⇨ *Korrektur:* Ist der Text fertig, überprüfen Sie ihn auf Rechtschreib- und Grammatikfehler. Bedienen Sie sich da ruhig der zahlreichen Hilfsmittel, die Writer bietet, lassen Sie zur Sicherheit aber einen anderen Menschen den Text lesen. Dieser findet zudem wesentlich schneller Widersprüche, Unklarheiten oder logische Fehler und kann Ihnen sagen, ob die von Ihnen gewählten Visualisierungen ihre Wirkung erzielen.

⇨ *Druck und Bindung:* Kleinere Texte werden Sie sicherlich mit Ihrem Drucker ausdrucken und in einen Schnellhefter oder Ähnliches geben. Bei Abschlussarbeiten werden Sie die Texte zum Binden geben müssen. Zum einen sieht das professioneller aus und zum anderen wird für solche Arbeiten sehr oft die Abgabe mehrerer gebundener Kopien vorgeschrieben. In solchen Fällen sollten Sie rechtzeitig mit einem Kopierstudio Rücksprache halten. Und als dritte Variante ist immer häufiger die Ausgabe in sogenannte PDF-Dateien vorgesehen.

Ordnung ins System

Auch Ihr PC und insbesondere Writer will vorbereitet sein, bevor Sie sorglos losschreiben können. Nun gibt es gewiss viele Möglichkeiten, OpenOffice einzurichten und zu konfigurieren. Nicht jede Einstellung ist immer sinnvoll und manches entpuppt sich im Nachhinein als Spielerei. Auch wenn Sie am liebsten sofort loslegen wollen, wenn Sie OpenOffice besser verstehen möchten, ist es sehr empfehlenswert, die nachfolgenden Einstellungen an Ihrem System vorzunehmen.

Gerade beim Arbeiten mit größeren Texten gilt es noch mehr als sonst, dem Speicherort und der Dateiverwaltung Aufmerksamkeit zu schenken. Wie Sie bald bemerken werden, fallen bei einer Haus-, Seminar-, Diplom- oder Abschlussarbeit rasch eine Menge von Dateien an, und da gilt es den Überblick zu behalten. Es ist mehr als ärgerlich, wenn eine Unachtsamkeit oder ein defektes Speichermedium zum Verlust Ihrer ganzen Arbeit führt.

Ordner

Noch bevor Sie mit Ihrer Arbeit loslegen, sollten Sie auf Ihrem PC eine Grundstruktur anlegen, die Ihnen hilft, den Überblick zu bewahren.

Widmen Sie zunächst der Ordnerstruktur Ihre ganz besondere Aufmerksamkeit. Diese hilft Ihnen, selbst in der größten Hektik den Überblick zu bewahren, und erleichtert Ihnen ungemein die notwendigen Sicherungen Ihrer Arbeit.

Die erforderliche Ordnerstruktur können Sie zum einen mithilfe des Windows-Explorers und zum anderen auch direkt von den einzelnen Modulen aus erledigen.

Starten Sie einmal Writer.

Um ein Dokument abzuspeichern, werden Sie vermutlich auf die Schaltfläche mit dem Diskettensymbol, *Speichern,* klicken. Wie Sie allerdings bemerken dürften, ist diese Schaltfläche ausgegraut und somit nicht aktiv.

Abb. 1.1: Das ist nicht der Weg für das erste Abspeichern, ...

> **TIPP**
>
> An dieser Stelle finden Sie in der gelben QuickInfo einen Hinweis auf die mögliche Tastenkombination + . Wenn Sie später diese Tastenkombination immer mal wieder während des Schreibens betätigen, zahlt sich das bestimmt aus.

Um eine Datei, die noch keinen Inhalt hat, abzuspeichern, müssen Sie die Menübefehlsfolge *Datei / Speichern unter* wählen.

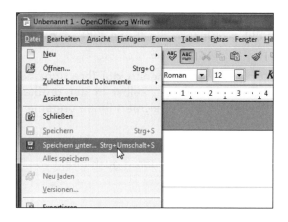

Abb. 1.2: ... sondern dieser hier!

> **TIPP**
>
> Wenn Sie sich für diese Situation die Tastenkombination [Strg] + [⇧] + [S] merken, werden Sie in Zukunft die Erstspeicherung schneller vornehmen können.

Sie erhalten das Dialogfenster *Speichern unter*.

Auf der rechten Seite befindet sich der sogenannte *Navigationsbereich*, der Ihnen unter anderem auch Zugriff auf die Bibliotheken gewährt. Dabei handelt es sich um von Windows angelegte Verzeichnisse. Dieses System ist geschaffen worden, damit sich im Falle eines Crashs des Betriebssystems dort alle Dateien befinden und schnell gesichert werden können.

Klicken Sie auf *Dokumente,* um in diesen Bereich zu gelangen.

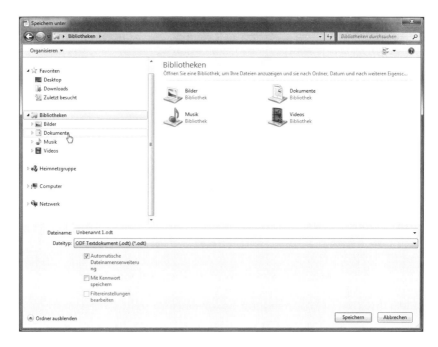

Abb. 1.3: Das Dialogfenster *Speichern unter*

Basiswissen

> **TIPP**
>
> Sicherlich wäre es noch besser, die Dateien auf eine zweite Partition, einer Wechselfestplatte oder ganz einfach auf einen USB-Stick zu speichern. Wenn Sie die Möglichkeit dazu haben, sollten Sie diese auch nutzen. Es schadet nie, die Dateien des Betriebssystems und Ihre eigenen strikt zu trennen.

Ordnerstruktur

Die vorgefundene Struktur sollte für Ihre Arbeiten verfeinert werden. Als Erstes erstellen einen eigenen Projektordner für Ihre Arbeit.

Klicken Sie im geöffneten Writer-Dialogfenster auf das Symbol *Neuer Ordner*.

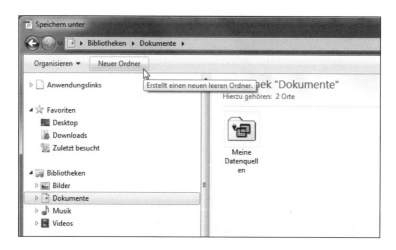

Abb. 1.4: Einen Projektordner anlegen

Überschreiben Sie die Vorgabe beispielsweise mit `Seminararbeit`.

Wenn Sie ⏎ drücken, befinden Sie sich gleich in diesem Ordner.

Erstellen Sie an dieser Stelle noch die darin enthaltenen Unterordner. Gehen Sie dabei auf die gleiche Weise vor, wie eben gezeigt.

Bezeichnen Sie diesen Ordner mit *Material,* denn er soll alles enthalten, was Sie bislang schon für Ihre Arbeit zusammengetragen haben bzw. noch zusammentragen werden.

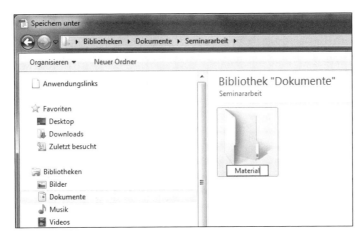

Abb. 1.5: Einen Materialordner erstellen

Hier erstellen Sie dann noch die weiteren Ordner, sodass Sie eine Struktur wie in der folgenden Abbildung erhalten.

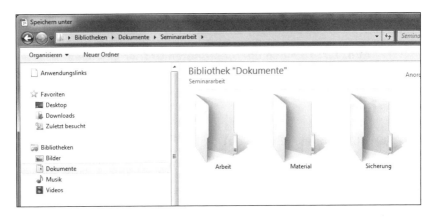

Abb. 1.6: Legen Sie eine Ordnerstruktur an

In dem Ordner *Arbeit* befindet sich die aktuelle Fassung Ihrer Arbeit und in den Ordner *Sicherung* kommt dann jeweils eine Kopie am Ende des Arbeitstages hinein.

> **TIPP**
>
> Zudem bietet es sich an, den Ordner *Material* weiter zu untergliedern, etwa indem Sie dort noch Ordner wie *Texte*, *Bilder* und *Sonstiges* anlegen.

Möchten Sie zu einem übergeordneten Ordner gelangen, so klicken Sie einfach in der Adressleiste auf die entsprechende Bezeichnung, wenn Sie sich beispielsweise im Ordner *Texte* befinden auf *Material*.

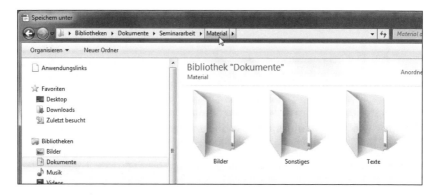

Abb. 1.7: In einen übergeordneten Ordner gelangen

Dateien

Das Kernstück Ihrer Arbeit bildet die Writer-Datei mit Ihren Texten. Da hierin die gesamte Arbeit von einigen Wochen oder gar Monaten steckt, sollten Sie Ihr einige Aufmerksamkeit schenken. Dateien haben den Vorteil, dass man sie rasch ändern oder gar löschen kann. Doch dies kann im Falle einer wissenschaftlichen Arbeit ganz schön ärgerlich werden, wenn das etwa aus Versehen geschieht. Um dieses

Risiko zu minimieren oder gar zu eliminieren, sollten Sie die folgenden Ausführungen beachten.

Dateinamenerweiterungen

Beim Arbeiten mit diesem Buch werden Sie zwischen Dokument und Dokumentvorlage zu unterscheiden haben. Zwar unterscheiden sich die Symbole, doch im Eifer des Gefechts kann man die schon mal verwechseln. Das passiert nicht so schnell, wenn man die Dateiendungen betrachtet. Der Writer verwendet die Endungen die Endungen *.odt und *.ott.

Wie Sie der folgenden Abbildung entnehmen, ist es gar nicht so leicht zu erkennen, welche Datei welches Format besitzt. Doch Windows ist leider so eingestellt, dass man die Dateinamenerweiterungen bei registrierten Dateitypen nicht sieht.

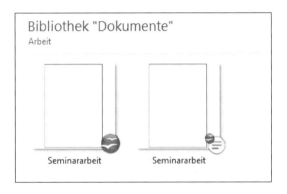

Abb. 1.8: Was ist was?

Diese Einstellung ist insbesondere beim Arbeiten mit Dokumentvorlagen sehr störend, denn man kann nicht sofort erkennen, welches Format eine bestimmte Datei hat.

Sie können diese Einstellung aber schnell und problemlos ändern.

Am besten starten Sie den Windows-Explorer, denn Sie brauchen dessen Menüleiste. Es genügt aber auch jeder beliebige Ordner. Im Menü klicken Sie auf die Schaltfläche *Organisieren* und rufen dann den Menüpunkt *Ordner- und Suchoptionen* auf.

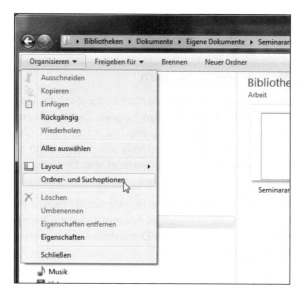

Abb. 1.9: Der erste Schritt zur Lösung

In dem erscheinenden Dialogfenster *Ordneroptionen* klicken Sie auf das Register *Ansicht*.

Nun suchen Sie in der Liste im Bereich *Erweiterte Einstellungen* nach dem Kontrollkästchen mit der Bezeichnung *Erweiterungen bei bekannten Dateitypen ausblenden*.

Dieses müssen Sie deaktivieren, damit in Zukunft die Dateiendungen angezeigt werden (siehe Abbildung 1.10).

Schließen Sie das eben geöffnete Fenster wieder.

Jetzt kann man den Unterschied deutlich ablese (siehe Abbildung 1.11).

Abb. 1.10: Eine kleine wichtige Umstellung

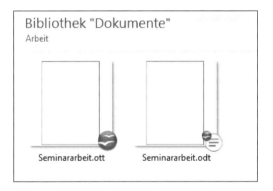

Abb. 1.11: An der Endung wird es deutlich

Dateinamen

Dateinamen können bis zu 255 Zeichen lang sein. Ausgenommen sind dabei ein paar Zeichen, die eine eigene Bedeutung in Windows haben und deren Vergabe zu einem Konflikt mit dem Betriebssystem führen würde. Deshalb können Sie möglichst keinen Punkt oder ein Fragezeichen verwenden. Trotzdem bleibt eine große Vielzahl an Namen möglich und das verlockt leider dazu, diese auch zu benutzen. Doch bedenken Sie, dass Sie den Überblick behalten sollten.

Statt also das Dokument *Aussagekraft der Botschaft Mephistos im Zeitalter des Internets.doc* zu nennen, ist es praktischer, es mit dem Namen *Kap02_Problemstellung_ Mephisto.odt* abzuspeichern.

Standardspeicherorte

Die von OpenOffice und im konkreten Fall von Writer verwendeten Standardspeicherorte sind für Ihre tägliche Arbeit im Regelfall nicht sehr praktisch. Gewiss wäre es einfacher, wenn Sie beim Speichern gleich in Ihrem Projektordner landen würden.

Das lässt sich leicht bewerkstelligen.

Klicken Sie zunächst auf die Schaltfläche *Extras* und wählen Sie anschließend den Menüpunkt *Optionen*.

Im folgenden Dialogfenster wählen Sie zunächst das Kriterium *Pfade* aus.

Hier finden Sie im Bereich *Von OpenOffice.org verwendete Pfade* die beiden wichtigsten Dateispeicherorte.

An dieser Stelle können Sie nun den Speicherort ändern.

TIPP

Wie Sie sicherlich an dieser Stelle bemerken, werden die Dokumentvorlagen, sehr tief im System gespeichert. Bei einer Standardinstallation von Windows werden Sie diese zudem nicht ausfindig machen können, denn diese Ordner sind standardmäßig versteckt. Aus diesem Grund ist es ratsam, einen anderen Speicherort zu wählen, der sich dann zudem beispielsweise bei einem Rechnerwechsel problemlos sichern lässt.

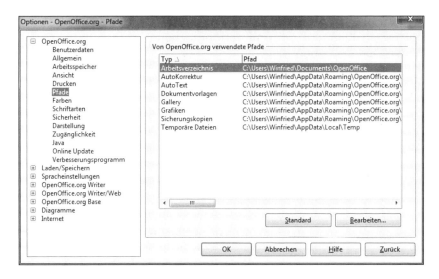

Abb. 1.12: Die gegenwärtig verwendeten Speicherorte

Markieren Sie den entsprechenden Pfad und klicken Sie auf die Schaltfläche *Bearbeiten*. Im folgenden Dialogfenster stellen Sie den Ordner ein, in dem Sie Ihre Arbeit speichern möchten.

Abb. 1.13: Stellen Sie den Speicherort ein

Abschließend bestätigen Sie Ihre Wahl mit einem Klick auf OK.

Basiswissen

Dann schließen Sie noch das Dialogfenster *Speicherort für Dateien* mit einem Klick auf *OK* und verfahren beim letzten Dialogfenster *Writer-Optionen* ebenso.

Wenn Sie jetzt in Zukunft auf die Schaltfläche *Speichern* klicken oder die Tastenkombination [Strg] + [S] betätigen, wird das Dialogfenster *Speichern unter* gleich mit dem »richtigen« Speicherort geöffnet und Sie müssen nur noch den Dateinamen vergeben und mit *Speichern* bestätigen.

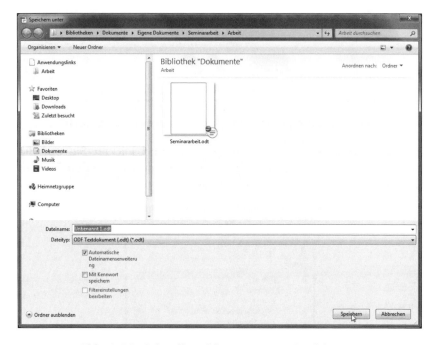

Abb. 1.14: Schnell und bequem zum Speicherort

Steuerzeichen

Überaus empfehlenswert ist es, mit eingeblendeten Steuerzeichen zu arbeiten. Das sind die Zeichen, die nicht ausgedruckt werden, aber beim Gestalten überaus hilfreich sind.

Oder haben Sie sich nicht schon einmal – natürlich nach dem Ausdruck – über zu viel Abstand zwischen zwei Wörtern infolge zu vieler Leerzeichen geärgert? Im Verlauf dieses Buches werden Sie noch sehen, dass Sie mit den Textsonderzeichen auch gesetzte Indexe, Abschnitte und viel mehr rasch erkennen können.

So können Sie viele Fehler vermeiden, wenn Sie die Steuerzeichen zur Kontrolle (ich empfehle Ihnen ständig) einblenden.

Die Schaltfläche zum Einblenden finden Sie in der Symbolleiste *Standard*. Alternativ können Sie diese im Bedarfsfall auch schnell über die Tastenkombination [Strg] + [F10] einschalten und schon blicken Sie durch.

Abb. 1.15: Die Steuerzeichen aktivieren

Wenn diese Zeichen nicht aktiviert sind, wissen Sie beispielsweise nicht, ob Sie jetzt einen Absatz (mit der [↵]-Taste: ¶) oder eine Zeilenschaltung (mit [⇧] + [↵]: ↵) vorgenommen haben.

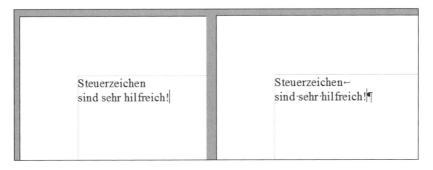

Abb. 1.16: Links ohne, rechts mit eingeblendeten Textsteuerzeichen

2 Seitenaufbau

Ziele

⇨ Problemlos grundlegende Dokumentvorgaben umsetzen
⇨ Praktischer Einsatz umfangreicher Dokumentvorlagen
⇨ Arbeiten mit Dokumentvorlagen

Schritte zum Erfolg

⇨ Grundlegender Seitenaufbau mit Satzspiegel, Paginierung und Kolumnentitel
⇨ Seitenvorgaben umsetzen
⇨ Seitenvorlagen für Titel, Verzeichnisse, Textteil und Anhänge erstellen
⇨ Dokumentvorlage für ständige Wiederverwendung erstellen

Wenn Sie sich an eine wissenschaftliche Arbeit machen, werden Sie im Regelfall Layoutvorgaben zu beachten haben. Meist erhalten Sie ein mehr oder weniger umfangreiches Blatt mit den wichtigsten Angaben, die es umzusetzen gilt. Dieses enthält in der Regel Vorgaben für den Seitenrand, die Kopf- und Fußzeilen, die Nummerierung und eine ganze Menge mehr.

Diese Vorgaben sollten Sie praktischerweise gleich zu Beginn Ihrer Arbeit umsetzen. Wenn Sie versuchen, während der eigentlichen Arbeit Formatierungen vorzunehmen, kann das gemäß Murphys Gesetz nur schiefgehen.

Im Folgenden werden Sie zunächst die grundlegenden Einstellungen hinsichtlich des Blattaufbaus erledigen und diese abschließend als Dokumentvorlage abspeichern, damit Sie immer darauf zurückgreifen können.

Im Kapitel »Seiten gestalten: Formatierungen und Formatvorlagen« werden Sie dann sehen, wie Sie effektiv den Text formatieren und durch die Vorgaben bedingte lästige Routineaufgaben rasch erledigen können.

Dokumentvorgaben umsetzen

Wenn Sie Vorgaben umsetzen müssen, sollten Sie die Reihenfolge beachten. Das bedeutet, dass Sie zunächst mit der Seitengestaltung beginnen, ehe Sie sich den Absätzen und zum Schluss den Zeichen widmen.

Grundlegender Seitenaufbau

Der grundlegende Seitenaufbau einer wissenschaftlichen Arbeit umfasst wie gesehen im Regelfall folgende Komponenten:

⇨ das Titelblatt,

⇨ die Verzeichnisse,

⇨ den Textteil und

⇨ die Anhänge.

Für diese vier Mindestbestandteile erstellen Sie entsprechende Vorlagen für den *Satzspiegel,* der die Fläche definiert, die beschrieben werden kann, die *Paginierung,* die die Seitenzählung regelt, und den *Kolumnentitel,* der die Orientierungsangaben enthält.

Der Satzspiegel

Ein Blatt Papier wird im Regelfall nicht komplett bedruckt. Links, rechts, oben und unten bleiben Ränder frei. Die Fläche, die sich innerhalb dieser Ränder befindet, wird als *Satzspiegel* bezeichnet. Das ist somit die Fläche, die beschrieben werden kann.

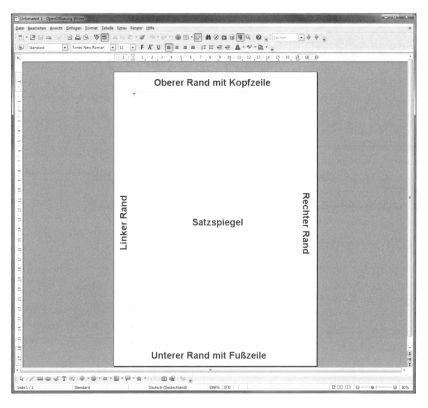

Abb. 2.1: Grundlegende Seitenaufteilung einer Publikation

Wenn Sie ein neues Dokument anlegen, verfügt es über die Standardeinstellungen von Writer und verwendet die dort vorgesehenen Ränder.

> **TIPP**
>
> Die Anpassung der Formatierung erfolgt im Kapitel »Seiten gestalten: Formatierungen und Formatvorlagen«.

Paginierung

Die Gestaltung und Lage der Seitenzahlen (Lateinisch *pagina*) wird im Regelfall ebenfalls vorgegeben.

Sie wird meist im Fußbereich untergebracht und je nach Anforderung in arabischen oder römischen Ziffern dargestellt.

Abb. 2.2: Eine Paginierung in der Fußzeile

Der Titel enthält normalerweise keine Seitenangabe.

Kolumnentitel

Neben der Seitenangabe findet sich im Regelfall der Kolumnentitel auf jeder Seite, so wie es beispielsweise auch in diesem Buch der Fall ist.

Abb. 2.3: Ein Kolumnentitel in der Kopfzeile

Dieser wird zumeist in der Kopfzeile platziert und gibt darüber Auskunft, in welchem Abschnitt sich der Leser gerade befindet (siehe Abbildung 2.3).

Im Folgenden geht es darum, diese Vorgaben umzusetzen. Speichern Sie das aktuelle Dokument zunächst als *Seminararbeit.odt* ab.

Seitenvorlagen

Writer weist jedem Dokument eine Seitenvorlage zu. In dieser befinden sich die elementaren Einstellungen wie das Seitenformat und die Randeinstellungen.

Man kann ein Dokument mithilfe mehrerer Seitenvorlagen unterteilen und diese dann unterschiedlich gestalten. Auf diese Weise ist es beispielsweise möglich, innerhalb eines Dokuments von Hoch- auf Querformat und wieder zurück zu wechseln oder eine unterschiedliche Paginierung zu verwenden.

Seitenvorlage erstellen

Writer verfügt zwar über eine kleine Anzahl von fertigen Seitenvorlagen. Für das wissenschaftliche Schreiben ist es jedoch hilfreich, sich für die einzelnen Bestandteile eine eigene Seitenvorlage zu erstellen.

Unsere Vorlagensammlung soll die vier in der Abbildung ersichtlichen Vorlagen erhalten.

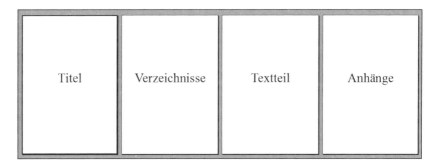

Abb. 2.4: Der grundlegende Aufbau Ihrer Arbeit

Das bedeutet konkret, dass Sie vier Seitenvorlagen erstellen müssen.

Rufen Sie die Menübefehlsfolge *Format / Formatvorlagen* auf.

Im folgenden Dialogfenster klicken Sie auf die Schaltfläche *Seitenvorlagen*, damit Ihnen die entsprechende Liste angezeigt wird.

Um eine neue Seitenvorlage zu erstellen, klicken Sie anschließend auf die Schaltfläche mit dem Pluszeichen und wählen aus der Liste den Eintrag *Neue Vorlage aus Selektion* aus.

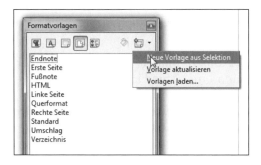

Abb. 2.5: Eine neue Seitenformatvorlage erstellen

Tragen Sie anschließend im Dialogfenster *Vorlage erzeugen* in das Feld *Vorlagenname* die entsprechende Bezeichnung, hier `Titel`, ein.

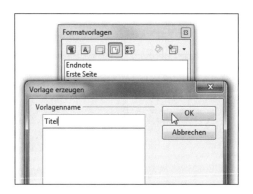

Abb. 2.6: Der Vorlage einen Namen geben

Mit OK schließen Sie den Vorgang ab und finden anschließend die neue Vorlage in der Liste der *Formatvorlagen*.

Erstellen Sie auf diese Art und Weise Vorlagen mit der Bezeichnung Verzeichnisse, Textteil und Anhänge.

Seitenvorlagen zuweisen

Das Zuweisen einer Seitenformatvorlage erfolgt über das Dialogfenster *Formatvorlagen*.

Achten Sie lediglich darauf, dass der Cursor sich in der betreffenden Seite befindet und führen Sie dann einen Doppelklick auf die gewünschte Seitenformatvorlage aus.

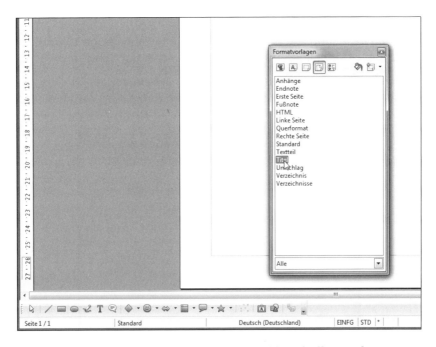

Abb. 2.7: Eine Seitenformatvorlage (hier Titel) zuweisen

Seitenaufbau

Seitenvorlage abwandeln

Bislang wurden lediglich die Standardseiteneinstellungen übernommen.

Für die Arbeit müssen diese allerdings abgewandelt werden. Welche Seitenvorlage für eine Seite verwendet wird, können Sie der Statusleiste entnehmen. Dort finden Sie den Namen der aktuellen Seitenvorlage.

Abb. 2.8: Die in dieser Seite verwendete Seitenformatvorlage

Um die Einstellung der betreffenden Seitenformatvorlage zu ändern, genügt ein Doppelklick auf die Bezeichnung in der Statusleiste.

Dadurch erhalten Sie das Dialogfenster *Seitenvorlage*, in dem Sie nun die gewünschten Einstellungen vornehmen.

Abb. 2.9: Die Seitenvorlage bearbeiten

> **TIPP**
>
> Wenn Sie in der Liste *Folgevorlage* die entsprechende Seitenformatvorlage auswählen, benötigen Sie beim Einfügen eines manuellen (Seiten-)Umbruchs keine entsprechende Eingabe mehr.

Seitenvorlage »Titelblatt«

Zunächst gilt es, die Seitenvorlage für das Titelblatt einzustellen.

Das Titelblatt verfügt im Allgemeinen über einen anderen Satzspiegel als die Folgeseiten.

Klicken Sie doppelt auf die Bezeichnung *Titel* in der Statusleiste, um das entsprechende Dialogfenster zu öffnen.

Im Bereich *Seitenränder* tragen Sie die Werte in die Felder ein. In unserem Beispiel erhalten alle vier Ränder einen Rand von 2 cm.

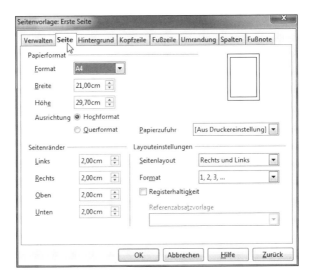

Abb. 2.10: Die Einstellungen für das Titelblatt

Mit *OK* schließen Sie das Dialogfenster.

Seitenvorlage »Verzeichnisse«

Unmittelbar an den Titel schließen sich die Verzeichnisse an.

Zuweisen der Seitenvorlage

Zunächst gilt es, erst eine weitere Seite einzufügen und dieser dann gleich die Seitenformatvorlage *Verzeichnisse* zuzuweisen.

Rufen Sie die Menüfolge *Einfügen / Manueller Umbruch* auf.

Sie erhalten das Dialogfenster *Umbruch einfügen*.

Belassen Sie es bei der Option *Seitenumbruch*. Stellen Sie aber in der Liste Vorlage *Verzeichnisse* ein.

Abb. 2.11: Einen manuellen Umbruch einfügen

Nachdem Sie mit OK bestätigt haben, fügt Writer die neue Seite ein. Anhand der unterschiedlichen Ränder und des Eintrags in der Statuszeile erkennen Sie, dass dabei die Seitenformatvorlage *Verzeichnisse* verwendet wird.

Einstellen

Als Nächstes passen Sie die Vorgaben für diese Seitenformatvorlage für Ihre Zwecke an.

Führen Sie dazu einen Doppelklick auf die Bezeichnung der Seitenformatvorlage in der Statusleiste aus.

Wechseln Sie auf die Registerkarte *Seite*, um die Seitenränder einzustellen.

Die für das Beispiel verwendeten Maße können Sie der folgenden Abbildung entnehmen.

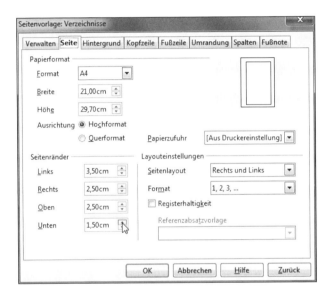

Abb. 2.12: Die Ränder für die Seitenformatvorlage *Verzeichnisse*

Danach wechseln Sie auf die Registerkarte *Fußzeile*, denn diese enthält die Paginierung der Verzeichnisse.

Standardmäßig ist die Fußzeile nicht sichtbar und muss von Ihnen eingeschaltet werden.

Setzen Sie deshalb in das Kontrollkästchen *Fußzeile einschalten* ein Häkchen.

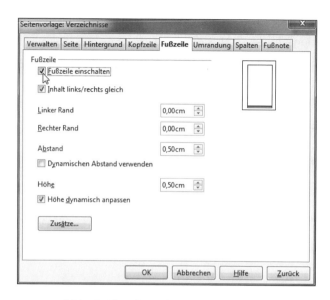

Abb. 2.13: Die Fußzeile einschalten

Weitere Angaben sind an dieser Stelle nicht nötig, sodass Sie mit OK das Dialogfenster schließen.

Die Fußzeile ist nun im unteren Bereich der aktuellen Seite sichtbar.

Abb. 2.14: Die nun sichtbare Fußzeile

Da sich die Seitennummerierung auf der rechten Seite befindet, richten Sie die Fußzeile zunächst in der Symbolleiste *Format* mit einem Klick auf die Schaltfläche *Rechtsbündig* aus.

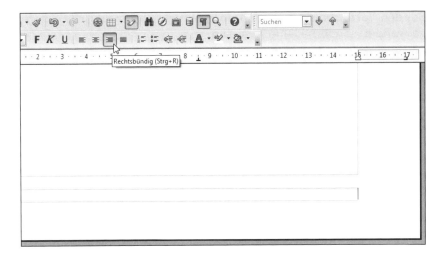

Abb. 2.15: Die Fußzeile ausrichten

Abschließend bringen Sie gleich noch die automatische Paginierung an.

Rufen Sie das Menü *Einfügen* auf und wählen Sie *Feldbefehl* aus. In dessen Untermenü finden Sie den Eintrag *Seitennummer,* den Sie anklicken.

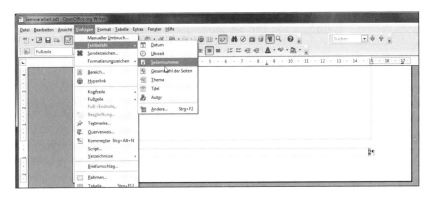

Abb. 2.16: Die Seitennummerierung einfügen (bereits erfolgt)

Wie Sie sehen, fügt Writer an der Cursorposition die Seitenzahl 2 ein. Das liegt daran, dass die Titelseite bereits mitgezählt wird.

Seitenaufbau

Bei den Verzeichnissen werden aber oftmals nicht arabische Ziffern verwendet, sondern kleine römische.

In diesem Fall zeigen Sie mit der Maus auf die Seitenangabe und führen einen Doppelklick aus.

Dadurch öffnet sich das Dialogfenster *Feldbefehl bearbeiten*.

Auf der rechten Seite finden Sie die Liste *Format*, in der Sie nun nur noch das gewünschte Format auswählen und mit *OK* bestätigen.

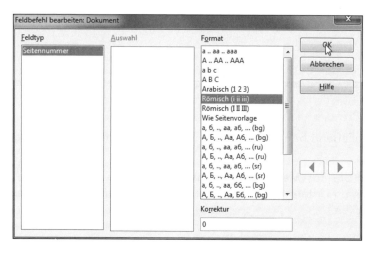

Abb. 2.17: Die Seitenangabe umstellen

Sofort wird die Seitenangabe entsprechend dargestellt.

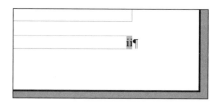

Abb. 2.18: Die veränderte Seitenangabe

Seitenvorlage »Textteil«

Als Nächstes müssen die Vorgaben für den Textteil umgesetzt werden.

Auch hier fügen Sie zunächst einen manuellen Umbruch *(Einfügen / Manueller Umbruch)* ein, wählen aber diesmal die Vorlage *Textteil*.

Zusätzlich müssen Sie aber auch die *Seitennummer ändern,* denn der eigentliche Textteil verwendet eine eigene Nummerierung. Aktivieren Sie deshalb das Kontrollkästchen und stellen Sie im darunterliegenden Feld noch den Wert ein, mit dem die Seitennummerierung beginnen soll.

Mit einem Klick auf *OK* legen Sie die neue Seite an.

Auch diese muss zunächst wieder angepasst werden.

Führen Sie deshalb einen Doppelklick auf die Seitenformatvorlage in der Statusleiste aus und ändern Sie als Erstes auf der Registerkarte *Seite* die Ränder.

Abb. 2.19: Der Umbruch zum Textteil

Stellen Sie hier die Ränder für *Oben* und *Rechts* auf 2,5 cm, für *Links* auf 3,5 cm und für *Unten* auf 1,5 cm ein.

Für die Seitennummerierung in der Fußzeile müssen Sie danach auf der Registerkarte *Fußzeile* das Kontrollkästchen *Fußzeile einschalten* aktivieren.

Zusätzlich befindet sich auf den Textteil-Seiten ein Kolumnentitel, der auf der Kopfzeile platziert ist.

Deshalb ist auf der Registerkarte *Kopfzeile* das Kontrollkästchen *Kopfzeile einschalten* ebenfalls zu aktivieren.

Abb. 2.20: Die Kopfzeile für die Seitenvorlage *Textteil* einschalten

Damit sind alle Grundeinstellungen getroffen und Sie können das Dialogfenster mit einem Klick auf *OK* verlassen.

Abschließend platzieren Sie noch den Cursor in der Fußzeile, richten den Text rechtsbündig aus und rufen die Menübefehlsfolge *Einfügen / Feldbefehl / Seitennummer* auf.

Writer fügt sofort die gewünschte Option ein und zeigt die Seitenzahl 1 an (die Sie ja weiter oben eingestellt hatten).

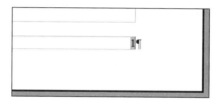

Abb. 2.21: Die Seitennummerierung für die erste Textteil-Seite

Nun fehlt nur noch der Kolumnentitel in der Kopfzeile.

Dazu müssen allerdings Formatvorlagen verwendet werden. Deren Funktionsweise wird Ihnen im Kapitel »Seiten gestalten: Formatierungen und Formatvorlagen« näher erläutert. An dieser Stelle werden Sie jedoch bereits die grundlegenden Schritte durchführen.

Begeben Sie sich zunächst in die Kopfzeile und richten Sie diese rechtsbündig aus.

Rufen Sie über das Menü *Einfügen* den Befehl *Feldbefehl* auf und wählen Sie in dessen Untermenü den Eintrag *Andere*.

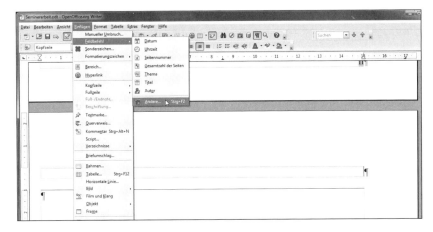

Abb. 2.22: Die restlichen Feldbefehle aufrufen

Im folgenden Dialogfenster *Feldbefehle* wählen Sie in der Registerkarte *Dokument* den Feldtyp *Kapitel* aus und markieren dann in der Liste *Format* den Eintrag *Kapitelnummer*.

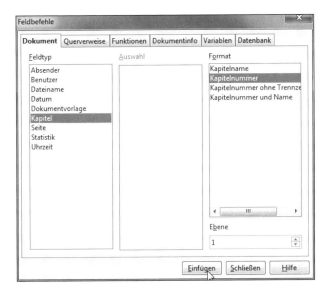

Abb. 2.23: So rufen Sie das Dialogfenster *Feld* **auf**

Übernehmen Sie die Auswahl mit einem Klick auf die Schaltfläche *Einfügen*.

Dieser Angabe soll sich noch der Kapitelname anschließen.

Fügen Sie zunächst einen Punkt (.) und ein Leerzeichen (Leer) ein, bevor Sie erneut das Dialogfenster *Feldbefehle* aufrufen.

Diesmal wählen Sie in der Liste Format allerdings den Eintrag *Kapitelname* aus.

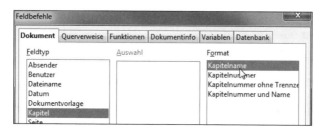

Abb. 2.24: Den Kapitelnamen anzeigen lassen

Abschließend folgt noch ein Klick auf die Schaltfläche *Einfügen* und ein weiterer auf *Schließen*.

Writer fügt nun die Feldfunktion ein.

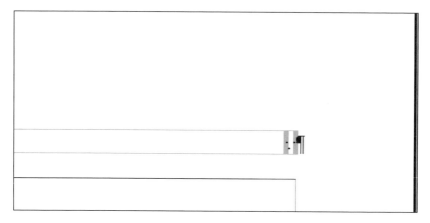

Abb. 2.25: Die gegenwärtige Anzeige

> **TIPP**
>
> Zum gegenwärtigen Zeitpunkt erscheinen jedoch noch keine Angaben. Das liegt daran, dass noch kein Text vorhanden ist, dem diese Formatvorlage zugewiesen wurde. Sobald das – wie im Kapitel »Seiten gestalten: Formatierungen und Formatvorlagen« beschrieben – nachgeholt wird, werden die entsprechenden Kolumnentitel angezeigt.

Seitenvorlage »Anhänge«

Nun fehlt nur noch die Seitenvorlage für die Anhänge.

Diese zeichnet sich dadurch aus, dass Sie lediglich eine Fußzeile enthält, die mit einer Paginierung in römischen Großbuchstaben versehen ist.

Rufen Sie über *Einfügen / Manueller Umbruch* das entsprechende Dialogfenster auf und wählen Sie aus der Liste *Vorlage* den Eintrag *Anhänge*.

Im Feld *Seitennummer ändern* tragen Sie nach Aktivierung des Kontrollkästchens noch den Wert 1 ein, bevor Sie die Eingabe mit *OK* beenden.

Abb. 2.26: Der Umbruch für die Anhänge

Nach Öffnen des Dialogfensters *Seitenvorlage: Anhänge* durch Doppelklick auf die entsprechende Bezeichnung in der Statusleiste stellen Sie noch die Ränder ein und aktivieren die Fußzeile.

Nachdem Sie das Dialogfenster wieder mit *OK* geschlossen haben, richten Sie noch die Fußzeile rechtsbündig aus und fügen über *Einfügen / Feldbefehl* den Befehl *Seitennummer* ein.

Abschließend doppelklicken Sie auf die Seitenzahl und stellen im Dialogfenster *Feldbefehl bearbeiten* das Format auf *Römisch* um.

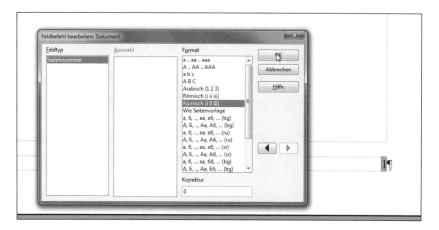

Abb. 2.27: Die Seitennummerierung einstellen

Damit sind die elementaren Einstellungen vorgenommen und Sie sollten das Dokument noch einmal zur Sicherheit abspeichern.

Dokumentvorlagen erstellen

Wenn Sie an dieser Stelle die grundlegenden Einstellungen vorgenommen haben, werden Sie vielleicht keine so richtig große Freude daran verspüren, solche Arbeiten des Öfteren zu verrichten. Zwar könnte man auf die Idee kommen, die Vorlage als Muster abzuspeichern und bei Bedarf einfach die Texte auszutauschen. Doch das ist recht umständlich und auch gefährlich, wenn Sie einmal aus Versehen das Writer-Dokument löschen.

Überlegenswert ist es, ob Sie nicht das fertige Dokument als *Dokumentvorlage* abspeichern. Dabei handelt es sich um Basisdokumente, auf deren Grundlage neue Dokumente erstellt werden können. Konkret handelt es sich um Dateien, die bestimmte Voreinstellungen enthalten. Diese ermöglichen zudem, Writer an bestimmte Arbeitssituationen anzupassen und ein dementsprechendes Arbeitsumfeld zu schaffen. Da sie als Vorlagen und nicht als Dokument abgespeichert werden, sind sie gegen zufällige Veränderungen oder ungewolltes Löschen immun.

Ein wesentlicher Vorteil einer Dokumentvorlage ist, dass alle Dokumente ein einheitliches Aussehen haben, denn in ihr werden alle Einstellungen gespeichert, die in jedem Dokument automatisch zur Verfügung stehen. So enthält sie alle konstanten Bestandteile wie Randeinstellungen, Seitenangabe, Kolumnentitel und viele weitere Einstellungen, die Sie noch kennen lernen werden und die Ihnen das Arbeiten erleichtern können, wie Formatvorlagen, AutoTexte oder Symbolleisten.

Eine Vorlage erstellen

Was liegt also näher, als den gegenwärtigen Stand gleich als Vorlage abzuspeichern?

Dazu klicken Sie auf das Menü *Datei* und rufen den Befehl *Speichern unter* auf, wodurch Sie das Dialogfenster *Speichern unter* erhalten.

Doch halt, klicken Sie nicht gleich auf *Speichern!*

Anders als beim normalen Speichern, bei dem zuerst der Speicherort eingestellt wird, müssen Sie hier zunächst Vorkehrungen bezüglich des Dateityps treffen.

Klicken Sie auf das Listenfeld *Dateityp* und wählen Sie den Eintrag *ODF Textdokumentvorlage (.ott)* aus.

Vergeben Sie im Feld *Dateiname* eine aussagekräftige Bezeichnung.

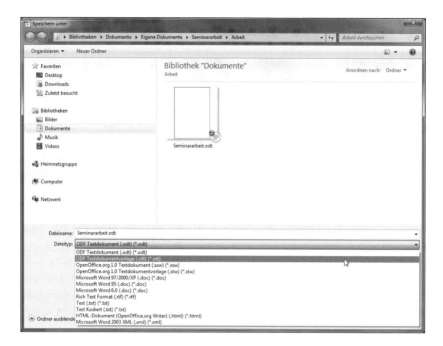

Abb. 2.28: Als Textdokumentvorlage speichern

> **TIPP**
>
> Im praktischen Einsatz sollten Sie an dieser Stelle natürlich einen aussagekräftigen Namen für Ihre Vorlage verwenden. Ferner ist es hilfreich, wenn Sie sich einen eigenen Ordner für Ihre Vorlagen anlegen. Haben Sie sich erst einmal an diese praktische Einrichtung gewöhnt, wird Ihr Vorlagenbestand sicherlich rasch anwachsen, und da gilt es, den Überblick zu behalten.

Bestätigen Sie Ihre Wahl mit einem Klick auf *Speichern*. Das war es dann auch schon.

Schließen Sie das auf dem Bildschirm sichtbare Dokument. Falls Sie dabei gefragt werden, ob es gespeichert werden soll, verneinen Sie. Es handelt sich nämlich schon um die Vorlage und wenn Sie jetzt – auch unbewusst – Änderungen vorgenommen hätten, hätte das Auswirkungen auf die eben erstellte Vorlage.

Sicherlich wollen Sie jetzt wissen, wie man an diese Vorlage herankommt.

Klicken Sie im *Start Center* auf die Schaltfläche *Datei* und anschließend auf *Neu*, dort wählen Sie den Menüeintrag *Vorlagen und Dokumente*.

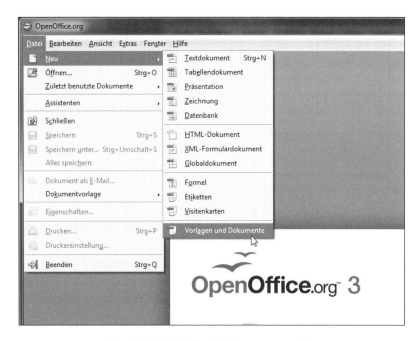

Abb. 2.29: Auf die Vorlagen zugreifen

> **TIPP**
>
> Ist das Startfenster offen, können Sie auch auf die Schaltfläche *Vorlagen* klicken.

Im folgenden Dialogfenster *Vorlagen und Dokumente – Eigene Dateien* wählen Sie den Speicherort der Vorlage und markieren diese. Wenn Sie die Schaltfläche *Vorschau* einschalten, können Sie im rechten Feld überprüfen, ob es die gewünschte Vorlage ist.

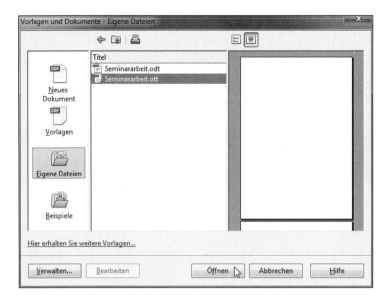

Abb. 2.30: Eine Vorlage auswählen

Haben Sie sie gefunden, markieren Sie diese und beenden den Vorgang mit *Öffnen*.

Anders als es diese Schaltfläche vermuten lässt, öffnet Writer aber nicht die Vorlage, sondern erstellt eine Kopie davon. Sie erkennen das an der Bezeichnung *Unbenannt 1* in der Titelleiste.

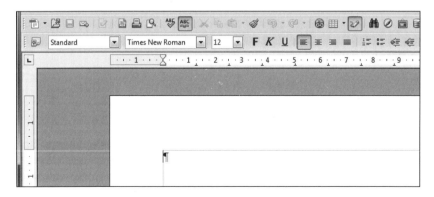

Abb. 2.31: Ein Dokument auf Basis einer Vorlage

Diese können Sie nun nach Herzenslust bearbeiten, müssen sie aber zum Schluss unter einem eigenen Namen als Dokument abspeichern.

Vorlagen verwalten

Möchten Sie diese Vorlage auf Dauer verwenden, dann ist es hilfreich, sie in die Kategorie *Meine Vorlagen* aufzunehmen, wovon sie in Zukunft aufrufbar ist.

Klicken Sie im Dialogfenster *Vorlagen und Dokumente – Eigene Dateien* auf die Schaltfläche *Verwalten*.

Im folgenden Dialogfenster *Dokumentvorlagen verwalten* finden Sie die Schaltfläche *Befehle*. Aus deren Menü wählen Sie den Eintrag *Vorlage importieren* aus.

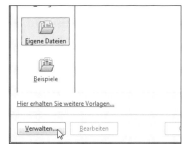

Abb. 2.32: Die Vorlagen verwalten

Abb. 2.33: Eine Vorlage in eine bestimmte Kategorie importieren

Suchen Sie den Speicherort der Vorlage auf, markieren Sie diese und bestätigen Sie mit *Öffnen*.

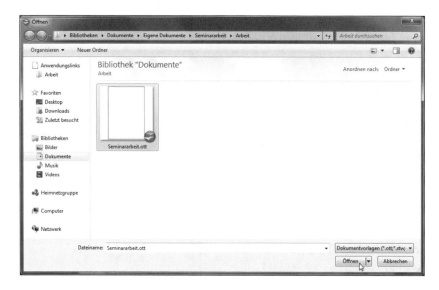

Abb. 2.34: Die Vorlage auswählen

**Abb. 2.35: Die Vorlage lässt sich nun über die
Schaltfläche *Vorlagen* finden**

Danach schließen Sie das Dialogfenster *Dokumentvorlagen verwalten*.

Zurück im Dialogfenster *Vorlagen und Dokumente* klicken Sie auf der linken Seite auf *Vorlagen*.

Sofort wird die Vorlage angezeigt. Wenn Sie diese markieren, erhalten Sie auf der rechten Seite eine Vorschau, die Ihnen hilft, sich einen kleinen Überblick zu verschaffen.

3 Seiten gestalten: Formatierungen und Formatvorlagen

Ziele

⇨ Sicherer Umgang mit den relevanten Formatierungen

⇨ Effektiver Einsatz von Formatvorlagen zur Arbeitserleichterung

Schritte zum Erfolg

⇨ Kennen der wichtigsten Zeichen- und Absatzformatierungen

⇨ Anpassen vorhandener Formatvorlagen für eigene Zwecke

⇨ Erstellen eigener Formatvorlagen

⇨ Zuweisen erstellter Formatvorlagen

In diesem Kapitel werden Sie lernen, wie Sie effektiv den Text formatieren und dadurch die Vorgaben stets sicher umsetzen können.

Formatierungen

Unter *Formatierung* versteht man die Gestaltung von Text in einer Textverarbeitung. Im Regelfall enthalten die Arbeitsanleitungen genaue Anweisungen, die Sie umzusetzen haben.

Im Prinzip gilt es, neben der schon bekannten Seitenformatierung, zwei weitere grundlegende Formatierungsarten zu unterscheiden:

⇨ die Zeichenformatierung

⇨ die Absatzformatierung

Zeichenformatierung

Eine bedeutende Rolle beim Formatieren spielt die *Zeichenformatierung*. Diese bezieht sich auf ein oder mehrere Zeichen, die beispielsweise mithilfe von Schriftarten und Schriftgröße verändert werden. Ein Zeichenformat ist eine Sammlung von Zeichenformatattributen, die auf einen ausgewählten Textbereich angewendet werden können. Die Zeichenformate werden auch als *Auszeichnungen* bezeichnet.

Schriftart

Bevor Sie einem Textabschnitt oder einem einzelnen Zeichen eine andere Schriftart zuweisen können, muss dieser Teil markiert sein.

Die Schrift selbst weisen Sie am schnellsten über das Listenfeld *Schriftname* zu, welches Sie auf der Symbolleiste *Format* finden.

Klicken Sie auf den kleinen nach unten zeigenden Pfeil. Writer zeigt Ihnen eine Liste aller Schriften an, die Ihnen zur Verfügung stehen.

Durch Verschieben der Markierung und anschließenden Klick mit der Maus können Sie die gewünschte Schriftart auswählen.

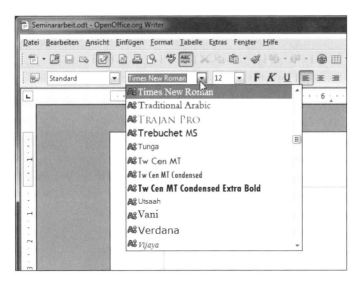

Abb. 3.1: Zuweisen der Schriftart

Kennen Sie den Namen der Schriftart, dann genügt es, wenn Sie nach Aktivierung der Liste den ersten Buchstaben eingeben. Die Liste springt dann zu den Schriften, die mit diesem Buchstaben beginnen. So kann man beispielsweise recht rasch von der Schrift *Arial* am Anfang der Liste zu der Schrift *Times New Roman* am Ende der Liste gelangen.

TIPP

Die beiden Schriften unterscheiden sich übrigens durch die sogenannten *Serifen*. Als solche bezeichnet man in der Typografie die Endstriche der Buchstaben. Serifen leiten das Auge von Buchstabe zu Buchstabe und so verliert es nicht so schnell die Information beim Lesen. Bei der Schrift Arial handelt es sich um eine serifenlose Schrift. Solche Schriften werden als *sans serif* bezeichnet. Man findet dafür auch die Bezeichnung *Grotesk*, weil Sie bei ihrem Aufkommen im 19. Jahrhundert den meisten Lesern so erschienen.

Seiten gestalten: Formatierungen und Formatvorlagen

Schriftgröße

Die *Schriftgröße* wird standardmäßig in der Maßeinheit *Punkt* angegeben und in dem gleichnamigen Listenfeld festgelegt. In der Liste finden Sie eine Reihe an vorgegebenen Größen, die Sie einfach auswählen können.

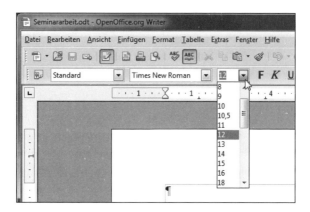

Abb. 3.2: Einstellen des Schriftgrads

TIPP

Ist die gewünschte Größe nicht dabei, dann tippen Sie diese einfach in das Feld *Schriftgröße* ein und bestätigen mit .

Schriftschnitt

Unter einem *Schriftschnitt* versteht man die Bezeichnung der verschiedenen Variationen einer Schrift. Die gebräuchlichsten sind dabei *Fett* (auch als *Bold* bezeichnet), *Kursiv* (oft auch *Italic*) und *Unterstrichen*. Die entsprechenden Symbole finden Sie ebenfalls in der Symbolleiste *Format*.

Abb. 3.3: Den Schriftschnitt *Unterstrichen* einstellen

Weitere Zeichenformatierungen

Die eben vorgestellten Zeichenformate sind beileibe nicht alle, die Writer aufzuweisen hat.

Möchten Sie Zugriff darauf nehmen, rufen Sie über die Menübefehlsfolge *Format / Zeichen* das entsprechende Dialogfenster auf.

Abb. 3.4: Die Register des Dialogfensters *Zeichen*

Hier finden Sie auf fünf Registerkarten verteilt weitere Formatierungsmöglichkeiten.

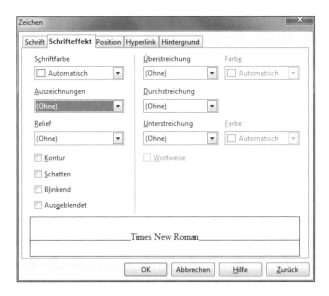

Abb. 3.5: Die Zeichenformatierungen der Registerkarte *Schrifteffekt*

Neben den für eine wissenschaftliche Arbeit nicht so wichtige Schrifteffekte wie *Schatten* oder *Blinkend,* finden Sie auf der Registerkarte *Schrifteffekt* weitere relevante Zeichenformatierungen wie

⇨ die *Schriftfarbe*,

⇨ die *Auszeichnungen* wie *Versalien* (Großbuchstaben), *Gemeine* (Kleinbuchstaben) oder *Kapitälchen* (Großbuchstaben, deren Höhe der Normalhöhe der Kleinbuchstaben entspricht),

⇨ *Durchstreichung*, also eine Linie mitten durch den Text ziehen und diesen somit durchgestrichen darstellen oder

⇨ *Unterstreichung*.

Wenn es darum geht, kleine Buchstaben oberhalb oder unterhalb der Textzeile zu erstellen, wählen Sie die Registerkarte *Position* aus.

Dort finden Sie im Bereich *Position* die entsprechenden Optionsschaltflächen *Hoch* bzw. *Tief*.

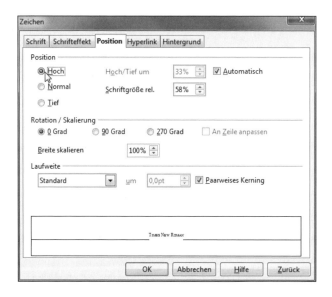

Abb. 3.6: Die Optionen der Registerkarte *Position*

Absatzformatierung

Neben der Zuweisung der Zeichenformate ist für die Gestaltung eines Textes die Absatzformatierung von besonderer Bedeutung.

Als *Absatz* erkennt Writer einen Text, der mit einer Absatzschaltung durch Betätigung der ⏎-Taste beendet wird. Deswegen kann ein Absatz auch aus nur einer Zeile und im Extremfall aus einem einzigen Wort bestehen.

Absätze können Sie besonders gut erkennen, wenn Sie die Schaltfläche *Steuerzeichen* aktiviert lassen. Jeder Absatz ist dann mit einer Absatzendmarke versehen.

Abb. 3.7: Lassen Sie sich die Formatierungszeichen anzeigen

Die Absatzformatierung hat Auswirkungen auf einen Absatz. Einen solchen Absatz müssen Sie durch Drücken der ⏎-Taste erstellen.

Ausrichtung

Die häufigsten Absatzformatierungen, die innerhalb eines Textes vorgenommen werden, sind die *Ausrichtungen*.

Die möglichen Ausrichtungen stellt Ihnen Writer durch entsprechende Schaltflächen zur Verfügung. Sie können diese einfach über einen Klick auf die entsprechende Schaltfläche einstellen, die Sie auf der Symbolleiste *Format* finden.

Abb. 3.8: Schnelle Absatzformatierung über den Bereich *Absatz*

Auch hier muss der entsprechende Textabschnitt für die Absatzformatierung vorher mit der Maus markiert worden sein.

> **TIPP**
>
> Es ist nicht erforderlich, dass alle Zeichen und Wörter eines Absatzes markiert werden. Vielmehr reicht es aus, wenn sich die Schreibmarke innerhalb eines Absatzes befindet, dessen Format geändert werden soll.

Zeilenabstände

Der *Zeilenabstand* ist der Abstand zwischen den Zeilen. Standardmäßig verwendet Writer einen einzeiligen Abstand.

Wünschen Sie beispielsweise einen eineinhalbzeiligen Abstand, dann müssen Sie über die Menübefehlsfolge *Format / Absatz* das gleichnamige Dialogfenster öffnen und auf der Registerkarte *Einzüge und Abstände* im Bereich *Zeilenabstand* den gewünschten Abstand aus der Liste auswählen.

Abb. 3.9: Den Zeilenabstand einstellen

Einzüge

Unter *Einzügen* werden zum einen die Absatzränder und zum anderen die Einzüge einzelner Absätze verstanden.

Absatzränder

Stellen Sie zunächst den Cursor durch Anklicken irgendwo in dem Absatz ab, dessen Ränder Sie verändern wollen, und richten Sie anschließend Ihr Augenmerk einmal auf die Linealleiste.

Um die Einzüge zu verändern, finden Sie auf der rechten und linken Seite entsprechende Symbole.

Zeigen Sie nun auf das Symbol für den linken (⊠) bzw. für den rechten (△) Einzug.

Um den linken Rand beispielsweise um 2 cm einzuziehen, klicken Sie auf das untere Dreieck des Symbols und ziehen es bei gedrückter linker Maustaste auf die neue Position. Dort lassen Sie die Maustaste einfach wieder los. Augenblicklich wird der Rand entsprechend Ihren Vorgaben eingezogen.

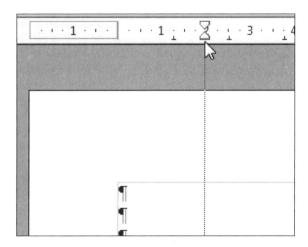

Abb. 3.10: Einziehen des linken Randes um 2 cm

Um ganz exakt einen Abstand vom linken oder rechten Rand einzugeben, gehen Sie wie folgt vor:

Klicken Sie doppelt auf das kleine Symbol, um an das Dialogfenster *Absatz* zu gelangen. Hier können Sie auf der Registerkarte *Einzüge und Abstände* im Feld *Vor Text* den genauen Abstand eingeben.

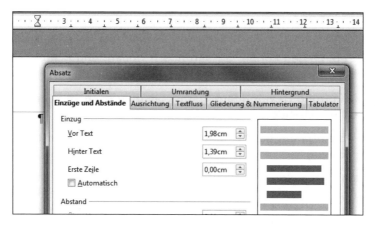

Abb. 3.11: **Exaktes Einstellen der Einzüge**

Einzüge

Neben der Ausrichtung finden am häufigsten die sogenannten *Zeileneinzüge* Anwendung. Mit diesen Einzügen legen Sie fest, wie die Zeilen in Bezug auf die Seitenränder eingerückt werden.

Einen sogenannten *Erstzeileneinzug* erstellen Sie, wenn Sie die erste Zeile des Absatzes vom linken Rand einziehen. Dazu müssen Sie lediglich mit dem Mauszeiger auf das obere, nach unten weisende Dreieck des linken Randsymbols zeigen und mit der Maus klicken. Bei gedrückter Maustaste ziehen Sie dann das Dreieck nach rechts in den Text und lassen die Maus an der gewünschten Stelle los.

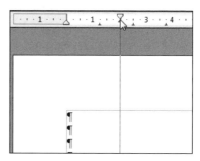

Abb. 3.12: **Einen Erstzeileneinzug erstellen**

Einen hängenden Einzug erzeugen Sie dagegen auf umgekehrte Weise. Hier ziehen Sie das obere Dreieck entsprechend nach links .

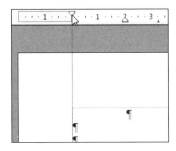

Abb. 3.13: So erzeugen Sie einen hängenden Einzug

Möchten Sie den Einzügen einen exakten Wert zuweisen, dann rufen Sie wieder das Dialogfenster *Absatz* auf.

Formatvorlagen

Das Formatieren eines längeren Textes kann ganz schön anstrengend und zeitaufwendig sein. Wenn man nämlich bestimmte Dinge immer und immer wiederholen muss, werden solche Arbeiten recht schnell eintönig und ermüdend. Stellen Sie sich nur einmal vor, Sie müssen den Fließtext in Ihrer Arbeit immer wieder in der Schriftart Arial mit 1,5-fachem Zeilenabstand, einem Erstzeileneinzug von 0,5 cm und im Blocksatz formatieren. Die vier sich ständig wiederholenden Schritte würden Sie sicher bald nerven und die Konzentration auf das Wesentliche einschränken. Oder Sie hätten eine ganz lange Publikation mit elf Überschriften geschrieben, bei der jede Überschrift z.B. fett, kursiv und mit 14 pt formatiert sein muss. Dies würde bedeuten, dass Sie vielleicht acht Überschriften einzeln markieren, achtmal auf *Fett* und *Kursiv* klicken, aus der Liste *Schriftgrad 14 pt* auswählen und dann bei der neunten Überschrift vergessen haben, ob nun die Überschrift unterstrichen wurde oder nicht.

Wie wäre es, wenn man das mit einem Mausklick erledigen könnte? Man kann. Und zwar mithilfe von *Formatvorlagen*. Wie Sie bereits wissen, handelt es sich um eine abgespeicherte Zusammenfassung von Formatierungsbefehlen, die den Zeitaufwand erheblich reduzieren können. Gerade bei umfangreichen Dokumenten ermöglichen sie ein schnelleres und effektiveres Formatieren. Solche Befehlsbündel können dann entweder ganzen Absätzen oder einer beliebigen Zeichenfolge zugeordnet werden.

Die in Writer möglichen Formatvorlagen finden Sie im gleichnamigen Dialogfenster aufgelistet. Sie können es über die Menübefehlsfolge *Format / Formatvorlagen*, durch Klick auf die Schaltfläche *Formatvorlagen* oder ganz schnell durch Betätigen von [F11] auf den Schirm holen.

Abb. 3.14: Die Formatvorlagen auf einen Blick

Hier finden Sie die Schaltflächen für folgende Vorlagen:

➪ *Absatzformatvorlagen*: Diese stellen eine Kombination von Zeichen- und Absatzformaten dar. Ihre Anwendung hat Auswirkungen auf den betreffenden Absatz und die darin enthaltenen Zeichen.

➪ *Zeichenvorlagen*: Diese fassen mehrere zeichenorientierte Formatierungsbefehle zusammen und werden nur auf die markierten einzelnen Zeichen (beispielsweise Wörter) angewendet.

➪ *Rahmenvorlagen*: Diese erlauben das rasche Anlegen entsprechender Text- und Grafikrahmen.

➪ *Seitenvorlagen*: Die Ihnen schon bekannten Seitenvorlagen verwendet man, um die Struktur des Dokuments zu gestalten.

➪ *Listenvorlagen*: Diese Vorlagen kommen zum Einsatz, wenn es darum geht, nummerierte Listen oder Listen mit Aufzählungszeichen zu formatieren.

> Formatieren Sie also Ihre Texte so weit wie möglich mithilfe von Formatvorlagen und möglichst wenig per Hand im Text. Alles, was Sie direkt im Text formatiert haben, müssen Sie gegebenenfalls später auch per Hand einzeln wieder ändern. Eine Formatvorlage hingegen können Sie insgesamt ändern und dadurch alle zugewiesenen Stellen in einem Rutsch gleich formatieren.

Nach so viel »trockener« Theorie wollen Sie jetzt bestimmt diese wunderbaren Hilfen im praktischen Einsatz sehen?

Zuvor gilt es aber noch zu klären, ob man eigene Formatvorlagen erstellen oder auf die vorhandenen zurückgreifen sollte. Hier lautet die Antwort: »Es kommt darauf an!« Wenn Writer für einen bestimmten Zweck bereits Formatvorlagen zur Verfügung stellt, stellen Sie sich besser, wenn Sie diese lediglich für Ihre Zwecke anpassen. So bietet sich gerade die Verwendung der *Überschrift*-Formatvorlagen für Ihre Gliederung an. Gleiches gilt für die Formatvorlagen *Seitenzahl, Beschriftungszeichen, Abbildung* usw. Diese können Sie mühelos den Vorgaben anpassen. Lediglich wenn Writer keine passende Formatvorlage zur Verfügung stellt, sollten Sie sich eine eigene anlegen.

Na, dann wollen wir mal!

Formatvorlagen anpassen

Nicht immer werden die vorgegebenen Formatvorlagen den Formatierungsvorgaben Ihrer Arbeit entsprechen, und so wird die eine oder andere Formatvorlage zu ändern sein. Dies gilt insbesondere für die Formatvorlage *Standard,* die den Fließtext betrifft und die Formatvorlagen *Überschrift 1, Überschrift 2* und *Überschrift 3,* die dazu dienen, den Text zu gliedern.

Platzieren Sie den Cursor in den ersten Absatz der dritten Seite der Beispielsdatei *Seminararbeit.odt* und geben Sie `Überblick` ein.

Anschließend betrachten Sie das Listenfeld *Vorlage anwenden* auf der Symbolleiste *Format* einmal näher.

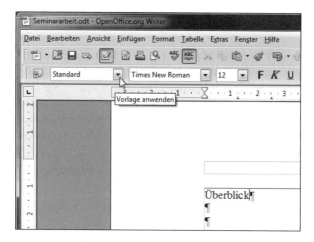

Abb. 3.15: Anzeige einer Formatvorlage

An erster Position befindet sich der Eintrag *Standard*.

Dabei handelt es sich um die Formatvorlage, die zunächst einmal allen Absätzen zugeordnet wird. Diese besitzt die Haupteigenschaften Schriftart *Times New Roman* und Schriftgröße *12 pt*.

Klicken Sie einmal auf das Listenfeld, um alle gegenwärtig möglichen Formatvorlagen einzusehen.

Wie Sie sehen, finden Sie hier auch die Vorlage *Überschrift 1*, die der ersten Überschrift zugeordnet werden soll.

Wenn Sie diese auswählen, wird der betreffende Absatz sofort gemäß der Vorgaben der Vorlage formatiert.

TIPP

Wie Sie der Abbildung 3.16 entnehmen können, wird dabei auch gleich der erste Teil des Kolumnentitels angezeigt, weil die Vorlage deren Anzeige steuert.

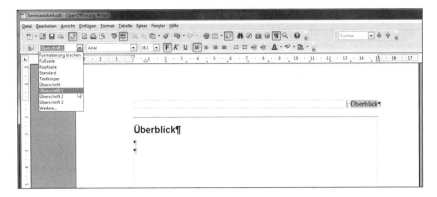

Abb. 3.16: Die Vorlage *Überschrift 1* zuweisen

Über dieses Listenfeld können Sie zwar die Formatvorlage zuweisen, sie aber nicht bearbeiten. Dazu müssen Sie einen Blick nach links werfen. Vor dem Listenfeld befindet sich nämlich ein Symbol, das, wenn Sie es anklicken, das Dialogfenster *Formatvorlagen* zum Vorschein bringt.

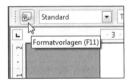

Abb. 3.17: Die Formatvorlage *Überschrift 1* in Aktion

Mithilfe dieses Dialogfensters können Sie die vorgegebenen Formatvorlagen anpassen.

Formatvorlagen einzeln anpassen

Bei einer wissenschaftlichen Arbeit erhalten Sie oft Vorgaben, wie der Text, die Überschriften und die weiteren Textelemente auszusehen haben. In diesem Fall müssen Sie selbst Hand anlegen und die betreffenden Formatvorlagen abwandeln.

In unserem Beispiel soll der Fließtext folgende Eigenschaften besitzen: *Schriftart Arial, Schriftgrad 11 pt, Zeilenabstand 1,5, Abstand vor dem Absatz 6 pt*, aktivierte Absatzkontrolle und zudem soll die automatische Silbentrennung eingeschaltet sein. Diese Eigenschaften werden von der Formatvorlage *Standard* geregelt.

Bevor es an die Änderung dieser Formatvorlage geht, fügen Sie in das Beispiel ein bisschen Text ein. Zwar könnten Sie jetzt einfach ein paar Texte wie beispielsweise `fdsajklö` eintippen, aber um Formatvorlagen auszuprobieren, helfen solche Texte nicht recht weiter. Vielmehr ist es einfacher, ein wenig Blindtext einzufügen. Dabei handelt es sich um nichtssagenden Text, der so lange verwendet wird, bis der eigentliche Text vorliegt.

Falls Sie jetzt befürchten, eine Textpassage eingeben zu müssen, können Sie beruhigt sein. Sie greifen einfach auf eine kleine Writer-Funktion zurück, die Ihnen Blindtext zur Verfügung stellt.

Setzen Sie zunächst die Schreibmarke an die Position, an der die Blindtexte erscheinen sollen.

Platzieren Sie den Cursor in den Absatz, geben Sie die Formel `bt` ein und betätigen Sie die F3-Taste.

> **TIPP**
>
> Es handelt sich hierbei um eine *AutoText*-Funktion, die Sie im Kapitel »Effizient arbeiten: Nützliche Hilfsmittel« näher kennen lernen werden.

Writer fügt daraufhin einen rund 1.750 Zeichen langen Fülltext in Form einer Kurzgeschichte ein.

> **TIPP**
>
> Genau genommen handelt es sich um keinen Blindtext im klassischen Sinne. Diese enthalten zumeist Texte – oft in lateinischer Sprache – ohne einen Sinn, da sie eigentlich nur dazu dienen, das Layout zu füllen, bis der »richtige« Text vorhanden ist.

Überblick

Er hörte leise Schritte hinter sich. Das bedeutete nichts Gutes. Wer würde ihm schon folgen, spät in der Nacht und dazu noch in dieser engen Gasse mitten im übel beleumundeten Hafenviertel? Gerade jetzt, wo er das Ding seines Lebens gedreht hatte und mit der Beute verschwinden wollte! Hatte einer seiner zahllosen Kollegen dieselbe Idee gehabt, ihn beobachtet und abgewartet, um ihn nun um die Früchte seiner Arbeit zu erleichtern? Oder gehörten die Schritte hinter ihm zu einem der unzähligen Gesetzeshüter dieser Stadt, und die stählerne Acht um seine Handgelenke würde gleich zuschnappen? Er konnte die Aufforderung stehen zu bleiben schon hören. Gehetzt sah er sich um. Plötzlich erblickte er den schmalen Durchgang. Blitzartig drehte er sich nach rechts und verschwand zwischen den beiden Gebäuden. Beinahe wäre er dabei über den umgestürzten Mülleimer gefallen, der mitten im Weg lag. Er versuchte, sich in der Dunkelheit seinen Weg zu ertasten und erstarrte: Anscheinend gab es keinen anderen Ausweg aus diesem kleinen Hof als den Durchgang, durch den er gekommen war. Die Schritte wurden lauter und lauter, er sah eine dunkle Gestalt um die Ecke biegen. Fieberhaft irrten seine Augen durch die nächtliche Dunkelheit und suchten einen Ausweg. War jetzt wirklich alles vorbei, waren alle Mühe und alle Vorbereitungen umsonst? Er presste sich ganz eng an die Wand hinter ihm und hoffte, der Verfolger würde ihn übersehen, als plötzlich neben ihm mit kaum wahrnehmbarem Quietschen eine Tür im nächtlichen Wind hin und her schwang. Könnte dieses der flehentlich herbeigesehnte Ausweg aus seinem Dilemma sein? Langsam bewegte er sich auf die offene Tür zu, immer dicht an die Mauer gepresst. Würde diese Tür seine Rettung werden?

Abb. 3.18: Ein Beispiel-Blindtext

Für diesen Absatz soll nun die Formatierung gemäß den Vorgaben eingestellt werden.

Klicken Sie dazu in dem Dialogfenster *Formatvorlagen* mit der rechten Maustaste auf die Vorlage *Standard*. Im Kontextmenü finden Sie den erforderlichen Eintrag *Ändern*.

Abb. 3.19: Die Formatvorlage *Standard* ändern

Seiten gestalten: Formatierungen und Formatvorlagen

Nachdem Sie diesen Menüpunkt angeklickt haben, erscheint das Dialogfenster *Absatzvorlage*.

In diesem Dialogfenster nehmen Sie nun die gewünschten Änderungen vor.

Zunächst klicken Sie auf die Registerkarte *Schrift* und stellen über das Listenfeld *Schriftart* die Schrift *Arial* ein.

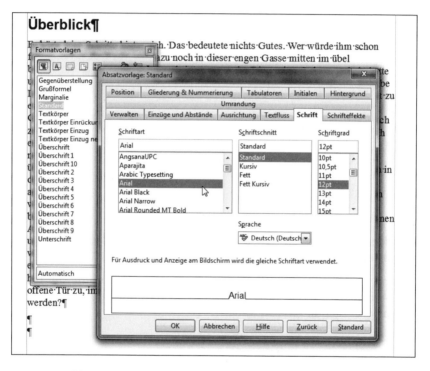

Abb. 3.20: Die Schriftart der Formatvorlage ändern

Danach reduzieren Sie den Schriftgrad auf *11pt*.

Als Nächstes muss der Abstand vor dem Absatz auf 6pt eingestellt werden.

Diese Einstellung nehmen Sie auf der Registerkarte *Einzüge und Abstände* vor, auf die Sie mit einen Klick wechseln.

Wie Sie sehen, sind die Einträge im Bereich *Abstand* in Zentimeter. Falls Sie jetzt nicht »zufällig« die genauen Umrechnungsdaten im Kopf haben, ist das kein Beinbruch. Geben Sie einfach 0,6pt in das Feld ein und drücken Sie die ⇆-Taste.

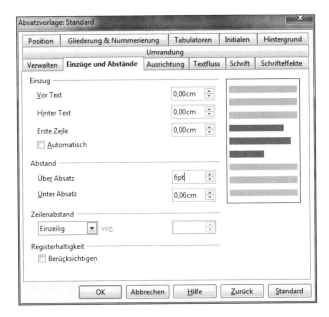

Abb. 3.21: Die Änderungen im Bereich *Abstand*

Writer rechnet Ihre Angaben augenblicklich in Zentimeter um.

Abb. 3.22: Writer rechnet automatisch um

Im Bereich *Zeilenabstand* auf dieser Registerkarte wählen Sie dann gleich noch aus der Liste *1,5zeilig* aus.

Für die *Silbentrennung* und die *Absatzkontrolle* müssen Sie auf die Registerkarte *Textfluss* wechseln.

Seiten gestalten: Formatierungen und Formatvorlagen **77**

Aktivieren Sie die Silbentrennung, indem Sie ein Häkchen in das Kontrollkästchen *Automatisch* setzen.

Für die Absatzkontrolle sollten die Kontrollkästchen *Schusterjungenregelung* und *Hurenkinderregelung* aktiviert werden. Dadurch wird Writer daran gehindert, die letzte Zeile eines Absatzes oben am Anfang der nächsten Seite oder die erste Zeile eines Absatzes unten am Ende einer Seite als alleinstehende Absatzzeile zu drucken.

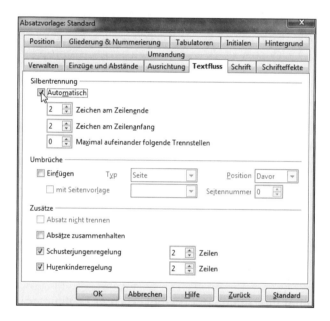

Abb. 3.23: Die weiteren Einstellungen

Schließen Sie das Dialogfenster mit *OK*, um die gegenwärtigen Einstellungen zu übernehmen.

Die Auswirkungen Ihres Tuns können Sie im Hintergrund entnehmen. Wie Sie sehen, werden alle Stellen im Dokument, die Sie mit der Formatvorlage versehen haben, sofort angepasst.

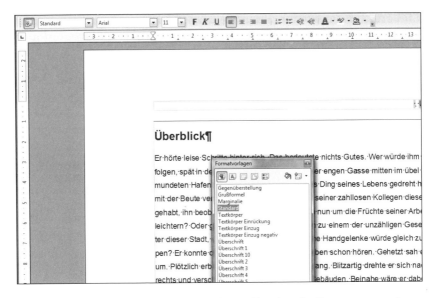

Abb. 3.24: Und schon sind alle betreffenden Stellen angepasst

Formatvorlage aus Selektion erstellen

Nicht immer werden die vordefinierten Formatvorlagen den Formatierungsvorgaben Ihrer Arbeit entsprechen. In diesen Fällen erstellen Sie einfach eigene.

Das geht am einfachsten, indem Sie zunächst die betreffende Passage nach den Vorgaben formatieren und daraus dann eine Formatvorlage erstellen.

So soll nach der Vorgabe die Kopfzeile eine etwas kleinere Schriftart (10 pt) als der normale Fließtext enthalten und von einer unteren Rahmenlinie abgeschlossen sein.

Platzieren Sie zunächst den Cursor in der Kopfzeile.

Anschließend markieren Sie die bereits vorhandene Passage und stellen den *Schriftgrad* auf *10pt* ein.

Anschließend rufen Sie über *Format / Absatz* das gleichnamige Dialogfenster auf und wechseln auf die Registerkarte *Umrandung*.

Im Bereich *Linie* wählen Sie im Feld *Stil* die Linie mit einer Dicke von *1,00 pt* aus und klicken anschließend im Bereich *Linienanordnung* auf den unteren Rand des Vorschaurahmens.

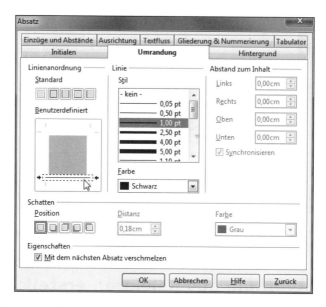

Abb. 3.25: Die Formatierung mit einem Teilrahmen versehen

Mit *OK* schließen Sie die Arbeiten ab.

Aus diesem Absatz soll nun eine Formatvorlage für die zukünftigen Kopfzeilen erstellt werden.

> **TIPP**
>
> Die folgende Vorgehensweise bietet sich immer dann an, wenn Sie bereits eine Formatierung vorgenommen haben und diese nun ständig einsetzen wollen. Für den Beispielfall hätten Sie auch die vorhandene Vorlage *Kopfzeile* anpassen können.

Markieren Sie die fertig formatierte Passage und klicken Sie dann im Fenster *Formatvorlagen* auf die Schaltfläche *Neue Vorlage aus Selektion*.

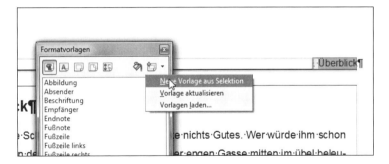

Abb. 3.26: Eine neue Formatvorlage aus der Auswahl erstellen

Im folgenden Dialogfenster *Vorlage erzeugen* tragen Sie einen passenden *Vorlagenamen* ein und bestätigen mit OK.

Abb. 3.27: Einen Namen vergeben

Neue Formatvorlage erstellen

Eine weitere Möglichkeit, eine Formatvorlage zu erstellen, besteht darin, gleich die Vorgaben umzusetzen.

Im Folgenden soll das anhand der Formatvorlagen *Titel* bzw. *Untertitel* demonstriert werden, die auf der Titelseite ihren Einsatz finden.

Dazu müssen Sie lediglich den Cursor in einen Absatz platzieren.

Klicken Sie im Fenster *Formatvorlage* mit der rechten Maustaste unter die letzte Formatvorlage und wählen Sie im Kontextmenü den Eintrag *Neu*.

Abb. 3.28: Eine neue Formatvorlage erstellen

Es öffnet sich das Dialogfenster *Absatzvorlage*, in dem Sie nun die gewünschten Formate einstellen.

Zunächst sollten Sie jedoch einen Namen vergeben, den Sie in das Feld *Name* eintragen.

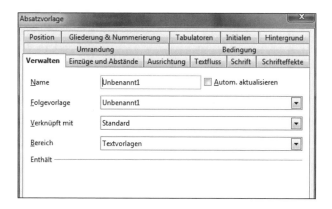

Abb. 3.29: Die Formatvorlage benennen

Geben Sie Überschrift-Titel ein und betätigen Sie einmal die ⏎-Taste.

Im folgenden Listenfeld *Folgevorlage* können Sie die Formatvorlage einstellen, die beim Betätigen der ⏎-Taste dem nächsten Absatz zugewiesen werden soll. So können Sie den Text, ohne auf die Formatierung zu achten, zügig eingeben.

TIPP

Überlegen Sie beim Anlegen genau, welcher Textteil im Regelfall auf die Formatvorlage folgt. Sie sparen sich eine Menge an Formatierungsarbeiten, wenn gleich die richtige Formatvorlage eingestellt wird. In unserem Beispiel wäre die noch zu erstellende Vorlage *Untertitel* eine gute Wahl.

Anschließend stellen Sie die eigentlichen Formatierungen wie folgt ein:

⇨ Registerkarte *Einzüge und Abstände*: Im Bereich *Abstand* geben Sie im Feld *Über Absatz* den Wert 18pt und im Feld *Unter Abstand* den Wert 36pt, jeweils gefolgt durch einmal Betätigen der ⭾-Taste, ein.

⇨ Registerkarte *Ausrichtung*: Im Bereich *Optionen* wählen Sie *Zentriert*.

⇨ Registerkarte *Schrift*: Den *Schriftschnitt* stellen Sie auf *fett* ein und für den *Schriftgrad* wählen Sie die Größe *22pt*.

Ihre Arbeiten beenden Sie wieder mit *OK*.

Anschließend legen Sie noch die Vorlage Überschrift-Untertitel mit folgenden Parametern an:

⇨ Registerkarte *Einzüge und Abstände*: *Über Absatz* Eingabe von 36pt.

⇨ Registerkarte *Ausrichtung*: *Optionen* auf *Zentriert*.

⇨ Registerkarte *Schrift*: *Schriftgrad*-Eingabe von *16pt*.

Die restlichen Angaben stimmen mit der Vorlage Überschrift-Titel überein.

Auch diese Arbeiten beenden Sie mit *OK*.

Formatvorlagen zuweisen

Nun wird es Zeit, die Formatvorlagen im praktischen Einsatz zu testen.

Setzen Sie den Cursor in den Absatz mit der Überschrift.

Geben Sie anschließend den Text lediglich durch Absätze getrennt ein. Dabei können Sie das Beispiel aus der folgenden Abbildung (der zusätzlich auch eine Zeilenschaltung enthält) verwenden.

Beginnen Sie zunächst mit einem leeren Absatz.

Nach Eingabe der Passage Wissenschaftliche Arbeiten folgt eine sogenannte Zeilenschaltung. Diese erstellen Sie durch die Tastenkombination ⇧ + ↵. Dadurch wird bewirkt, dass man den Text innerhalb eines Absatzes umbrechen kann, ohne dass der sonst übliche Absatzabstand entsteht.

Nachdem Sie vorgelegt von: geschrieben haben, betätigen Sie die ⇥-Taste. Dadurch geben Sie eine Sprunganweisung zum nächsten Tabulator – der allerdings im Folgenden noch gesetzt werden muss.

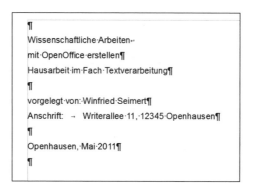

Abb. 3.30: Geben Sie zunächst den Text ein

Nachdem Sie den Text gespeichert haben, platzieren Sie den Cursor irgendwo in den ersten Absatz.

Dieser soll die Formatvorlage *Überschrift-Titel* erhalten.

Zeigen Sie mit dem Mauszeiger auf die entsprechende Formatvorlage im Dialogfenster *Formatvorlagen* und klicken Sie doppelt darauf.

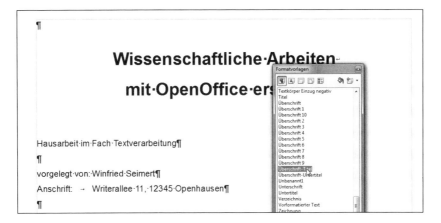

Abb. 3.31: Mit Formatvorlagen rasch formatieren

Und schon ist der Absatz entsprechend formatiert.

Verfahren Sie nun mit den restlichen Absätzen des Beispiels ebenso, jedoch verwenden Sie dabei die Formatvorlage *Überschrift-Untertitel*.

Eine falsch zugeordnete Formatvorlage löschen Sie durch Zuweisen der Formatvorlage *Standard*.

Wie Sie sicherlich bemerkt haben, sehen der vierte und der fünfte Absatz etwas unschön aus. Um diese ansehnlich zu gestalten, müssen Sie selbst Hand anlegen. Dabei werden Sie erkennen, dass eine Formatvorlage jederzeit durch eine individuelle Formatierung abgeändert werden kann.

Nachdem Sie den Cursor in den Absatz platziert haben, richten Sie diesen zunächst *Linksbündig* aus. Danach betätigen Sie einmal die Schaltfläche *Einzug erhöhen,* um den Absatz um 1,25 cm einzurücken. Schließlich zeigen Sie noch mit dem Mauszeiger im *Lineal* auf die 6 und klicken einmal. Damit setzen Sie einen *Tabstopp links* an diese Position und die Namen werden sofort an diesem Tabulator ausgerichtet.

Abb. 3.32: Kleine Änderungen von Hand vornehmen

Für den vierten Absatz greifen Sie einfach auf die Funktion *Format übertragen* zurück.

Belassen Sie die Schreibmarke im vierten, eben fertig formatierten Absatz.

Klicken Sie in der Symbolleiste *Standard* auf die Schaltfläche *Format übertragen* und platzieren Sie den veränderten Cursor über den fünften Absatz.

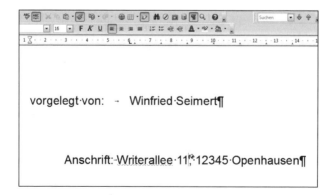

Abb. 3.33: Das Format einfach übertragen

Wenn Sie an dieser Stelle einmal klicken, wird das Format sofort übertragen.

4 Aufmerksamkeit erregen: Visuelle Hilfsmittel

Ziele

⇨ Ihre Aussagen untermauern und visualisieren
⇨ Texte auflockern und lesefreundlicher gestalten

Schritte zum Erfolg

⇨ Listen mit aufzählenden und nummerierten Elementen erstellen
⇨ Abbildungen, Grafiken, Bilder und Formeln einfügen
⇨ Werte mit Diagrammen plastisch darstellen
⇨ Mit Tabstopps und Tabellen Informationen platzieren und optisch aufbereiten

Viel Fließtext kann ermüdend wirken. Deshalb ist es angebracht, wenn Sie auf Mittel zurückgreifen, die den Text auflockern. So lassen sich viele Informationen besser erfassen, wenn man sie zusätzlich in einer übersichtlicheren Form gestaltet, etwa durch Aufzählungen, in Tabellen, in grafischen Darstellungen oder als Formeln. Des Weiteren nehmen die meisten Menschen visualisierte Informationen leichter wahr als reinen Text und können sich diese leichter merken.

> **TIPP**
>
> Nicht alles, was möglich ist, ist unbedingt sinnvoll. Beschränken Sie sich lieber auf eine Visualisierungsart und achten Sie auf eventuelle Vorgaben.

Aufzählungen und Nummerierungen

Bei allzu viel Fließtext kann es sinnvoll sein, diesen ab und an aufzulockern und dem Leser sozusagen eine Entspannung oder eine Zusammenfassung zu bieten. Hierfür bieten sich Aufzählungen und Nummerierungen an. *Aufzählungszeichen* ermöglichen Ihnen, am Absatzanfang entweder ein Sonderzeichen oder eine Zahl voranzustellen.

Grundlegendes

Solche Listen lassen sich mit Writer recht einfach erstellen.

Haben Sie bereits die Listenelemente geschrieben, dann müssen Sie diese lediglich markieren und auf die Schaltfläche *Aufzählungsliste an/aus* bzw. *Nummerierung an/aus* klicken, die Sie auf der Symbolleiste *Format* finden.

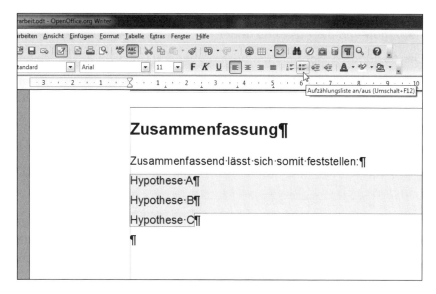

Abb. 4.1: Zunächst markieren, dann die Schaltfläche anklicken ...

Writer rückt die Liste ein und versieht sie mit dem standardmäßig vorgesehenen Aufzählungspunkt bzw. einer arabischen Ziffernfolge.

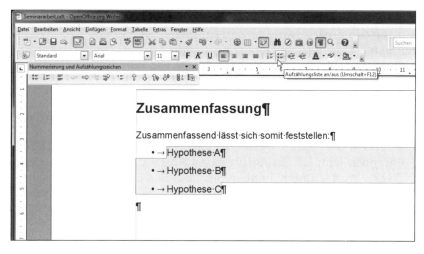

Abb. 4.2: Eine Liste mit Aufzählungszeichen

Aufmerksamkeit erregen: Visuelle Hilfsmittel

Selbstverständlich können Sie die Aufzählungszeichen, die Nummerierungen und die Abstände ändern.

Die Abstände ändern Sie am besten über das Lineal.

Wenn Sie die betreffenden Listenelemente markiert haben, können Sie in der Linealleiste das Symbol für den *Linken Einzug* erkennen. Zeigen Sie mit der Maus darauf und ziehen Sie es mit gedrückter Maustaste an die gewünschte Stelle.

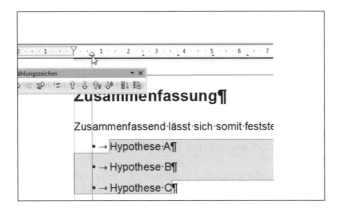

Abb. 4.3: Die Abstände mit der Maus ändern

Müssen Sie exakte Werte umsetzen, setzen Sie auf das Einzugssymbol einen Doppelklick. Dadurch erhalten Sie das Dialogfenster *Absatz*, in dem Sie dann im Bereich *Einzug* die entsprechenden Werte eingeben können.

> **TIPP**
>
> Aufzählungen treten besser zutage, wenn Sie vor dem ersten und nach dem letzten Absatz einen Abstand von 6 pt einfügen. Diesen Wert können Sie ebenfalls über das Dialogfenster *Absatz* auf der Registerkarte *Einzüge und Abstände* im Bereich *Abstand* einstellen.

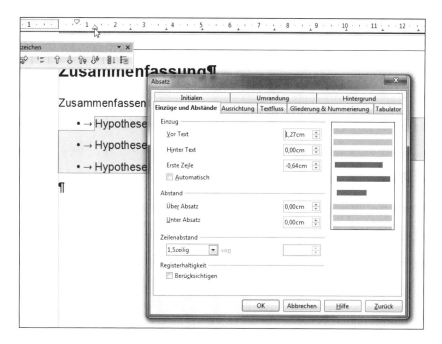

Abb. 4.4: Die Abstände exakt bestimmen

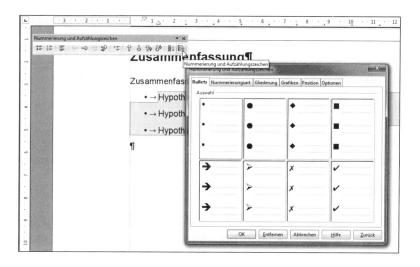

Abb. 4.5: Das Aufzählungszeichen ändern

Die Aufzählungszeichen bzw. die Nummerierung selbst ändern Sie über das Dialogfenster, das Sie durch den Menüaufruf *Format / Nummerierung und Aufzählungszeichen* erhalten. Alternativ können Sie auch auf die entsprechende Schaltfläche der Symbolleiste *Nummerierung und Aufzählungszeichen* klicken.

Hier wählen Sie einfach per Mausklick in der Aufzählungszeichenbibliothek das betreffende Zeichen aus und bestätigen mit OK.

Formatvorlagen

Um ein einheitliches Aussehen Ihrer Arbeit zu erzielen, erstellen Sie für die Nummerierungen bzw. Aufzählungen ebenfalls entsprechende Formatvorlagen.

Formatvorlage »Aufzählung/Nummerierung«

Zunächst soll eine Formatvorlage für einen Absatz mit Aufzählungszeichen erstellt werden.

Rufen Sie das Dialogfenster *Formatvorlagen* (durch Klick auf die entsprechende Schaltfläche oder schneller mit F11) auf.

Klicken Sie mit der rechten Maustaste auf einen freien Bereich und wählen Sie den Kontextmenüeintrag *Neu*.

Im folgenden Dialogfenster *Absatzvorlage* tragen Sie im Feld *Folgevorlage* der Registerkarte *Verwalten* zunächst den Namen `Aufzählung` ein.

Betätigen Sie die ⇥-Taste, bevor Sie auf die Registerkarte *Gliederung & Nummerierung* wechseln.

Hier wählen Sie im Listenfeld *Nummerierungsvorlage* den Eintrag *Aufzählung 1*, welcher dem normalen Aufzählungspunkt entspricht (siehe Abbildung 4.6).

Schließen Sie die Arbeiten mit einem Klick auf OK ab.

Um die neue Vorlage gleich einmal zu testen, achten Sie darauf, dass sich der Cursor in dem betreffenden Absatz befindet und führen einen Doppelklick auf die Vorlagenbezeichnung im Dialogfenster *Formatvorlagen* aus (siehe Abbildung 4.7).

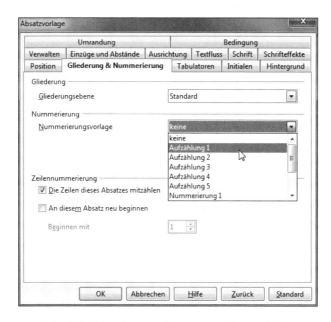

Abb. 4.6: Die Nummerierungsvorlage wählen

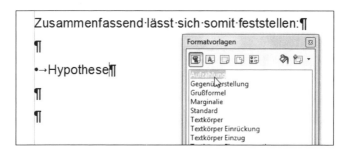

Abb. 4.7: Die neue Vorlage im Einsatz

Erstellen Sie anschließend auf die gleiche Art und Weise eine Formatvorlage mit der Bezeichnung *Nummerierung,* die auf arabischen Ziffern basiert.

Im Gegensatz zur vorherigen Vorlage müssen Sie hier lediglich darauf achten, dass Sie im Listenfeld *Nummerierungsvorlage* den Wert *Nummerierung 1* einstellen.

Abb. 4.8: Die Formatvorlage *Nummerierung* ...

Falls Sie eine Nummerierung mit römischen Ziffern benötigen, wählen Sie die Nummerierungsvorlage *Nummerierung 4*.

Auch hier sollten Sie anschließend die neue Vorlage mit einem Doppelklick einmal ausprobieren.

Abb. 4.9: ... schon im Einsatz!

Formatvorlage »Überschrift(en)«

Für die Überschriften verfügt Writer über insgesamt zehn besondere Formatvorlagen, die ein gleichmäßiges Formatieren und das automatische Erstellen von Inhaltsverzeichnissen ermöglichen.

Aus Übersichtsgründen sollten Sie sich dabei auf die ersten drei Überschriften beschränken. Die Überschriften selbst befinden sich auf Ebenen, die eine Gliederung des Textes ermöglichen. Hierbei bietet es sich an, für die Kapitelüberschriften die Formatvorlage *Überschrift 1*, für die Abschnittsüberschriften die Formatvorlage *Überschrift 2* und schließlich für Unterabschnittsüberschriften die Formatvorlage *Überschrift 3* zu verwenden.

Setzen Sie dazu einfach den Cursor in den betreffenden Absatz, den Sie als Überschrift vorsehen, und klicken Sie auf die gewünschte Überschrift in dem Fenster *Formatvorlagen*.

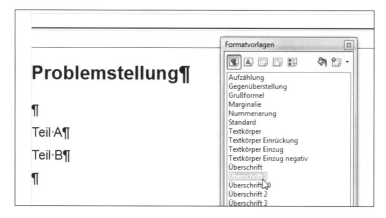

Abb. 4.10: Ein Überschriftformat zuweisen

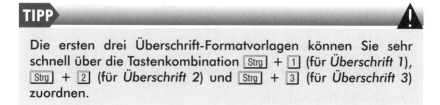

Die ersten drei Überschrift-Formatvorlagen können Sie sehr schnell über die Tastenkombination [Strg] + [1] (für *Überschrift 1*), [Strg] + [2] (für *Überschrift 2*) und [Strg] + [3] (für *Überschrift 3*) zuordnen.

Die so angelegten Überschriften liegen auf Ebenen, deren Zählweise den Überschriften entspricht. So liegen die Kapitelüberschriften auf der *Ebene 1*, die Abschnittsüberschriften auf der *Ebene 2* und Unterabschnittsüberschriften auf *Ebene 3*.

Im Regelfall besitzen die Überschriften eine Nummerierung. Damit die Nummerierung automatisch erfolgt, müssen Sie noch ein paar kleine Vorkehrungen treffen.

Platzieren Sie den Cursor in die erste Überschrift.

Rufen Sie dann über die Menübefehlsfolge *Format / Nummerierung und Aufzählungszeichen* das gleichnamige Dialogfenster auf.

Auf der Registerkarte *Gliederung* finden Sie eine Auflistung von acht Vorgaben für eine Gliederung.

Suchen Sie sich eine passende Gliederungsart aus und markieren Sie diese mit der Maus.

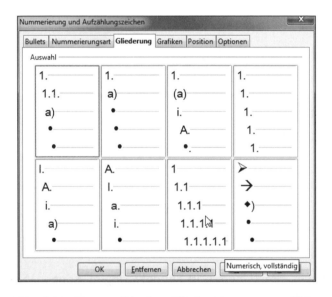

Abb. 4.11: Die gewünschte Gliederungsart auswählen

Bestätigen Sie Ihre Auswahl mit *OK*.

Writer führt sofort die Formatierung aus. Wenn Sie sich dabei für eine der Varianten entscheiden, die mit den Überschriften zusammenarbeitet, ist bereits der gesamte Text fertig formatiert, da diese Information auch für die folgenden Überschriften übernommen wird.

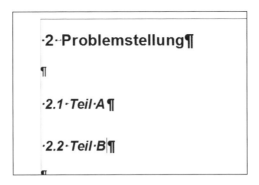

Abb. 4.12: Die Nummerierung zum gegenwärtigen Zeitpunkt

Allerdings fällt noch das Leerzeichen vor den Ziffern auf. Diese Einstellung soll noch korrigiert werden.

Rufen Sie dazu über *Extras* den Menüpunkt *Kapitelnummerierung* auf.

Sie erhalten das gleichnamige Dialogfenster mit aktivierter Registerkarte *Nummerierung*.

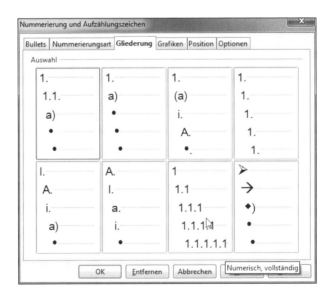

Abb. 4.13: Das Dialogfenster *Kapitelnummerierung*

Aufmerksamkeit erregen: Visuelle Hilfsmittel

Im Bereich *Ebene* ist bereits die erste Ebene markiert.

Im Listenfeld *Absatzvorlage* erkennen Sie, welche Überschriftenvorlage dieser Ebene zugewiesen ist. In diesem Fall ist das die *Überschrift 1*, die ja den Kapitelüberschriften zugewiesen ist.

Die Art der *Nummer* können Sie übrigens über das gleichnamige Listenfeld einstellen. Klicken Sie einmal auf den Listenpfeil, um die möglichen Varianten einzusehen.

Abb. 4.14: Mögliche Nummerierungen

Der Grund für das Leerzeichen ist im Feld *davor* im Bereich *Trennzeichen* auszumachen.

Klicken Sie in das Feld hinein. Wie Sie sehen, befindet sich der Cursor nicht ganz am Anfang, sondern wird durch ein Leerzeichen nach hinten gerückt.

Abb. 4.15: Das Leerzeichen sollte entfernt werden

Betätigen Sie einmal die Schaltfläche *Korrektur*, um das Leerzeichen zu entfernen, und schon passt es.

Zum Schluss entfernen Sie noch das Leerzeichen im Feld *dahinter* und ersetzen es durch einen Punkt (🔲).

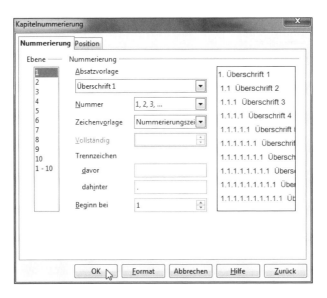

Abb. 4.16: So sollte das Dialogfenster jetzt aussehen

Abschließend klicken Sie auf die Schaltfläche OK und betrachten den gegenwärtigen Stand.

Abb. 4.17: Die Überschriftsebene 1 ist jetzt angepasst

Nun müssen Sie diese Arbeiten noch für die weiteren von Ihnen verwendeten Überschriftsebenen vornehmen.

Bei der Ebene 2 sieht das ausgefüllte Dialogfenster *Kapitelnummerierung* für die Beispielanwendung wie in folgender Abbildung ersichtlich aus.

Abb. 4.18: Die Einstellungen der Überschriftsebene 2

Abschließend gilt es noch, ein kleines Problem zu lösen. Im Regelfall besitzen die Überschriften zu Beginn und zum Ende einer wissenschaftlichen Arbeit keine Nummerierung.

Da die Formatvorlage angepasst wurde, verpasst Writer auch brav jeder zugewiesenen Formatvorlage eine entsprechende Nummerierung.

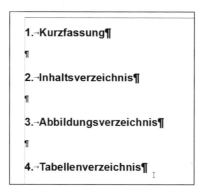

Abb. 4.19: Alles voller Nummerierungen

Setzen Sie in diesem Fall den Cursor einfach in den betreffenden Absatz und klicken Sie auf die Schaltfläche *Entfernen*, die sich im Dialogfenster *Nummerierung und Aufzählungszeichen* befindet.

Abb. 4.20: Die Nummerierung entfernen

Dadurch wird die Nummerierung für den Absatz ausgeschaltet und diese beginnt erst mit dem nächsten Absatz.

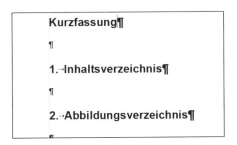

Abb. 4.21: Und schon ist die Nummerierung weg!

Verfahren Sie auf die beschriebene Weise mit allen Überschriftsebenen, die keine Nummerierung erhalten sollen.

Aufmerksamkeit erregen: Visuelle Hilfsmittel

Abbildungen

»Ein Bild sagt mehr als tausend Worte«, sagt man gemeinhin und meint damit, dass sich schwierige Sachverhalte oft mit einem Bild, einer Grafik, einem Schema oder Diagramm besser erklären lassen. Deshalb ist es in einigen Arbeiten unumgänglich, dass sie mit erläuternden Elementen versehen werden. Writer bietet Ihnen dabei eine Reihe an Möglichkeiten, wie Sie im Folgenden sehen werden.

Grafiken stellen im Regelfall Zeichnungen dar und werden meist in Programmen wie Adobe Illustrator, CorelDRAW oder Draw erstellt. Bei Bildern handelt es sich um fotorealistische Darstellungen, die mit einer Digitalkamera oder einem Scanner erstellt und mit Programmen wie Adobe Photoshop bearbeitet werden.

Grafiken und Bilder einfügen

Der Import von Grafiken und Bildern ist in Writer kein Problem, und Sie müssen sich keine Gedanken über das Format machen, da das Programm über zwei Dutzend Formate erkennt.

Eine Grafik (wie auch ein Bild) in ein Writer-Dokument einzufügen, ist ganz einfach. Sie setzen lediglich den Cursor an die Stelle, an der sie eingefügt werden soll.

Dann klicken Sie auf das Menü *Einfügen,* wählen den Menüpunkt *Bild* aus und anschließend in dessen Untermenü den Eintrag *Aus Datei.*

Im folgenden Dialogfenster *Bild einfügen* wählen Sie zunächst den Speicherordner der Bilder und im Feld *Suchen in* den Ordner mit den einzufügenden Grafiken aus.

TIPP

Das Aussehen dieses Dialogfensters können Sie über die Schaltfläche *Weitere Optionen,* welche Sie auf der rechten Seite der Menüleiste finden, verändern.

Abb. 4.22: Ein Bild von der Festplatte importieren

Markieren Sie die Grafik, die Sie einfügen wollen, und klicken Sie auf die Schaltfläche *Öffnen*.

Abb. 4.23: Bild einfügen

Aufmerksamkeit erregen: Visuelle Hilfsmittel

Und schon befindet sich das Bild in Ihrem Dokument.

Wie Sie sehen, wird diese mittig in dem betreffenden Absatz platziert. Diese Ausrichtung erfolgt aufgrund einer Vorlage, die Sie weiter unten näher kennen lernen werden.

Grafiken bearbeiten

Befindet sich die Grafik erst einmal in Ihrem Dokument, werden Sie diese des Öfteren noch nachbearbeiten wollen. Auch das ist in Writer kein Problem.

Wenn Sie die Grafik hinsichtlich der Größe ändern wollen, können Sie das durch Ziehen der acht grünen Anfasser erreichen. Idealerweise sollten Sie das jedoch nur über die Eckanfasser vornehmen, da so die Proportionen des Bildes gewahrt bleiben, wenn Sie beim Ziehen die ⇧-Taste gedrückt halten. Zeigen Sie mit der Maus darauf und ziehen Sie diese nach innen, um das Bild zu verkleinern.

Abb. 4.24: Ein Bild verkleinern

Möchten oder müssen Sie die Größe exakt einzustellen, dann klicken Sie auf die Schaltfläche *Aus Datei* und geben im folgenden Dialogfenster in der Registerkarte *Typ* im Bereich *Größe* die gewünschte *Breite* bzw. *Höhe* in die Felder ein.

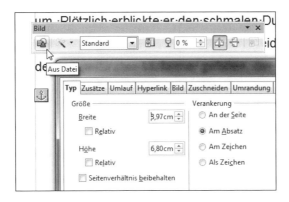

Abb. 4.25: Die Grafikgröße exakt einstellen

Alles, was Sie zum Bearbeiten des Bildes benötigen, finden Sie auf der Symbolleiste *Bild*, die beim Einfügen der Grafik eingeblendet wurde und so lange erscheint, wie Sie das Bild markiert lassen.

Abb. 4.26: Die Symbolleiste *Bild* bietet alles zum Bearbeiten der Grafik

Für eine wissenschaftliche Arbeit werden Sie nicht alle Features verwenden, jedoch erspart die ein oder andere Schaltfläche den Umweg über die Bildbearbeitung.

Ist das Bild beispielsweise zu flau und die Konturen sind nicht scharf genug, können Sie es problemlos schärfen.

In diesem Fall klicken Sie auf den Listenpfeil der Schaltfläche *Filter* und wählen den Eintrag *Schärfen* aus (siehe Abbildung 4.27).

Den umgekehrten Effekt erzielen Sie mit dem Filter *Weichzeichnen*.

Drucken Sie das Bild nur mit einem Schwarz-Weiß-Drucker aus, dann ist es hilfreich, auf die Schaltfläche *Grafikmodus* zu klicken und die Option *Graustufen* auszuwählen (siehe Abbildung 4.28).

Abb. 4.27: Dem Bild die nötige Schärfe geben

Abb. 4.28: Das Bild in Graustufen umwandeln

Falsche Farben eines Bildes beheben Sie mit den Optionen, die Ihnen die Schaltfläche *Farbe* bietet.

Über die Schaltflächen des erscheinenden Dialogfensters können Sie die entsprechenden Farbanteile des Bildes neu mischen, die *Helligkeit* und den *Kontrast* einstellen und den *Gamma*-Wert regeln (anpassen oder korrigieren der Graustufenwerte, also mittleren Werte).

Abb. 4.29: Die Helligkeit einstellen

Mit der nächsten Schaltfläche *Transparenz* werden Sie in einer wissenschaftlichen Arbeit eher nicht arbeiten, dann damit können Sie die Durchsichtigkeit des Bildes festlegen.

Relevanter kann dagegen wieder die nächste Schaltfläche werden, denn nicht immer stimmt die Blickrichtung eines Bildes. Mit den Schaltflächen *Horizontal spiegeln* und *Vertikal spiegeln* können Sie das beheben.

Abb. 4.30: Schnell mal die Blickrichtung ändern

Grafik positionieren

Weitaus häufiger als mit der Größenänderung werden Sie mit dem Platzieren der Grafik zu tun haben.

Standardmäßig wird die Grafik mittig eingefügt und der Text oberhalb gestoppt und unterhalb weitergeleitet.

Grafik frei platzieren

Eine eingefügte Grafik können Sie bei gedrückter Maustaste über das Blatt an die gewünschte Position verschieben.

Abb. 4.31: Nun lässt sich die Grafik frei verschieben (in Bewegung)

Wenn Sie diese loslassen, wird Ihnen sicherlich das Ankersymbol am Rand auffallen.

Da jede Grafik mit einer Absatzmarke verbunden ist (und damit beim Verschieben derselben an ihrer Seite bleibt), können Sie so rasch den betreffenden Absatz ausmachen.

Abb. 4.32: Deutlich zu sehen: der Anker

> **TIPP**
>
> Die Verankerung eines Bildes kann über die Schaltfläche *Verankerung wechseln* (Symbolleiste *Rahmen*) verändert werden.

Grafik exakt positionieren

Wenn Sie eine Grafik exakt platzieren wollen, dann nehmen Sie die entsprechenden Einstellungen im Bereich *Position* des Dialogfenster *Bild* (Registerkarte *Typ*) vor.

Abb. 4.33: Die Position des Bildes exakt festlegen

Über die Eingaben bei *Horizontal* bestimmen Sie die horizontale Lage des Bildes. Empfehlenswert ist es, die Option *Seitenrand links* zu wählen, da Writer die Grafik nun genau am äußeren Seitenrand ausrichtet.

Möchten Sie Einfluss auf das Umlaufverhalten des Textes nehmen, wechseln Sie auf die Registerkarte *Umlauf*.

Dort können Sie durch Anklicken der entsprechenden Schaltfläche im Bereich *Vorgaben* den gewünschten Effekt erzielen. Anschließend korrigieren Sie noch mithilfe der Felder im Bereich *Abstände* die Textabstände von der Grafik.

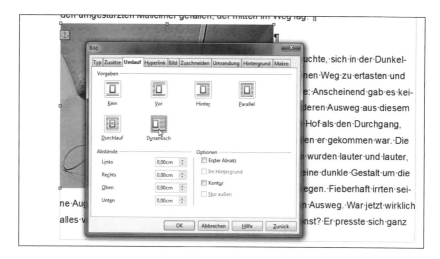

Abb. 4.34: Die weiteren Layoutoptionen aufrufen

> **TIPP**
>
> Den Umlauf können Sie auch über die Symbolleiste *Rahmen* mithilfe der drei Schaltflächen *Umlauf aus*, *Seitenumlauf* und *Durchlauf* steuern.

Formatvorlage »Grafik«

Das Einfügen einer Grafik wird in Writer durch eine Vorlage gesteuert. Deshalb befindet sich die Grafik auch in der Mitte eines Absatzes.

Um die Angaben der Vorlage einzusehen, rufen Sie einmal das Dialogfenster *Formatvorlagen* (beispielsweise mit) auf und wechseln in den Bereich *Rahmenvorlagen*.

Dort finden Sie die Vorlage *Grafik*. Klicken Sie einmal mit der rechten Maus darauf und wählen Sie den Kontextmenüpunkt *Ändern* aus (siehe Abbildung 4.35).

Die Abbildung sollte eigentlich stets mit einem Abstand vor dem Text von 24 pt versehen werden.

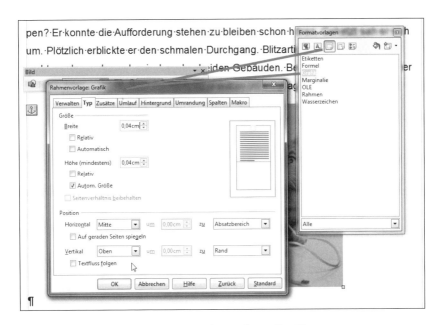

Abb. 4.35: Die Vorlage *Grafik*

Dazu müssen Sie eine kleine Änderung im Bereich *Position* auf der Registerkarte *Typ* vornehmen.

Stellen Sie im Feld *Vertikal* den Wert *Von Oben* ein und im Feld *zu* wählen Sie aus der Liste den Wert *Absatztextbereich* aus. Dann tragen Sie im Feld *um* noch den Wert 24pt (Writer rechnet das dann wieder in cm um) ein und bestätigen mit OK.

Abb. 4.36: Eine neue Formatvorlage erstellen

Die Grafik wird nun mit einem Abstand von 24 pt zum vorherigen Absatz platziert.

Im Kapitel »Wissen belegen: Wissenschaftliche Hinweise« werden Sie noch die Beschriftung für die Abbildung erstellen.

Zeichnungen

Innerhalb von Writer können Sie die Symbolleiste *Zeichnen* über die Schaltfläche *Zeichenfunktionen anzeigen* einblenden.

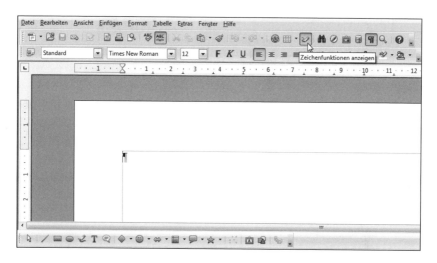

Abb. 4.37: Die Zeichenfunktionen in Writer einblenden

Bei wissenschaftlichen Arbeiten ist das Erstellen auf diese Art allerdings nicht sehr empfehlenswert, da jegliche Veränderung von Schriftart oder Größe der Zeichnung erhebliche Nacharbeiten am Text nach sich ziehen kann.

Ratsamer ist es, mit dem Modul Draw die gesamte Zeichnung inkl. Textelementen zu gestalten und dann per Zwischenablage in das Dokument einzubetten.

Eine auf diesem Weg erstellte Zeichnung wird dann einfach per Zwischenablage an die gewünschte Stelle platziert.

Zeichnen mit Draw

Das Programmmodul Draw ist für die kreative Seite des OpenOffice-Pakets zuständig. Mit ihm können Sie Vektorgrafiken erstellen, deren entscheidender Vorteil ist, dass man sie beliebig verlustfrei skalieren kann. Beispielsweise lassen sich einfachere Objekte wie Rechtecke und Kreise, aber auch Würfel, Kugeln oder Zylinder erzeugen. Aus mehreren einzelnen Objekten lassen sich komplexere Objekte erstellen, die man zu einer Einheit verschmelzen kann oder mithilfe spezieller Linien, der sogenannten *Verbinder,* zu einem Objekt vereint.

Nachdem Sie Draw gestartet haben, erkennen Sie am unteren Rand die bereits eingeblendete *Zeichnen*-Symbolleiste, die Ihnen schon eine Reihe von fertigen Objekten zur Auswahl stellt.

Im Folgenden werden Sie damit ein kleines Ablaufschema erstellen.

Klicken Sie in dieser Leiste auf den Listenpfeil der Schaltfläche *Symbolformen* und wählen Sie mit der Maus das Symbol *Rechteck* aus.

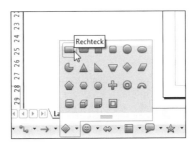

Abb. 4.38: Ein fertiges Zeichenobjekt auswählen

Platzieren Sie den veränderten Cursor nun an der Stelle, an der das Symbol seine obere linke Ecke haben soll. Klicken Sie dann mit der

Maus und ziehen Sie bei gedrückter linker Maustaste nach unten. Anhand Ihrer Bewegungen können Sie gleich die Größe des Objekts erkennen. Haben Sie die richtige Größe gefunden, lassen Sie die Maustaste los und schon ist das Objekt erstellt.

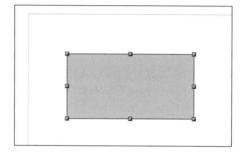

Abb. 4.39: Das erste Rechteck mit Draw

Wie Sie sehen, wird es mit einer Füllfarbe und einer dünnen Linie versehen.

Wenn Sie möchten, können Sie in der Symbolleiste *Linie und Füllung* beispielsweise die Farbe über das Listenfeld *Flächenstil/-füllung* ändern.

Allerdings soll das Rechteck gleich beschriftet werden.

Belassen Sie es markiert und geben Sie gleich über die Tastatur das Wort Problem ein.

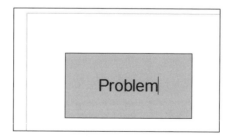

Abb. 4.40: Das Rechteck beschriften

Wie Sie sehen, wird die Eingabe gleich mittig in dem Rechteck platziert.

Falls Sie es wünschen, können Sie den Text nach dem Markieren noch mithilfe der Symbole auf der Symbolleiste *Textformat* gestalten.

Das nächste Objekt erhalten Sie nach Anklicken der Schaltfläche *Blockpfeile* und Auswahl von *Pfeil nach rechts*.

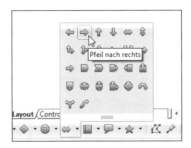

Abb. 4.41: Einen Pfeil einfügen

Ziehen Sie auch hier wieder diagonal mit gedrücktem Werkzeug das Objekt auf.

Wie Sie sehen, verfügt dieses Objekt zusätzlich über einen gelben Anfasser (in der folgenden Abbildung allerdings durch den Mauszeiger verdeckt). Mit diesem können Sie die Pfeilspitze und -stärke intuitiv durch Ziehen verändern.

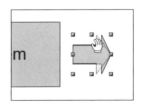

Abb. 4.42: Den Pfeil intuitiv gestalten

Die restlichen Objekte werden über die Zwischenablage erstellt.

Markieren Sie das Rechteck und betätigen Sie einmal [Strg] + [C] und zweimal [Strg] + [V], um zwei Kopien zu erstellen, die nun übereinanderliegen.

Zeigen Sie mit der Maustaste auf das Rechteck und ziehen Sie die erste Kopie mit gedrückter linker Maustaste an den neuen vorgesehenen Ort. Halten Sie dabei die [⇧]-Taste gedrückt. So bleibt das Objekt beim Verschieben in seiner horizontalen Lage.

Abschließend führen Sie einen Doppelklick auf den Text des zweiten Rechtecks aus.

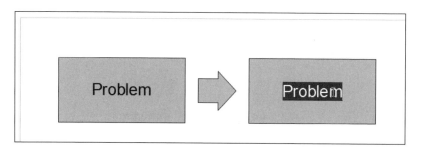

Abb. 4.43: Den Text des zweiten Rechtecks ändern

Dadurch wird dieser markiert und Sie können ihn sofort mit Vorschlag überschreiben.

Verfahren Sie nun auf diese Art und Weise weiter, bis Sie das Schema, wie in folgender Abbildung ersichtlich, zusammenhaben.

Abb. 4.44: Das fertige Ablaufschema

Speichern Sie die fertige Zeichnung in Ihrem Materialordner unter der Bezeichnung Ablaufschema ab.

Übernehmen in Writer

Die Übernahme einer solchen Zeichnung gestaltet sich nun recht einfach.

Zunächst ziehen Sie in Draw einen Auswahlrahmen um die komplette Zeichnung und nehmen sie mit [Strg] + [C] in die Zwischenablage auf.

Anschließend platzieren Sie den Cursor an die Stelle, an der die Zeichnung erscheinen soll, und wählen die Menübefehlsfolge *Bearbeiten / Inhalt einfügen*.

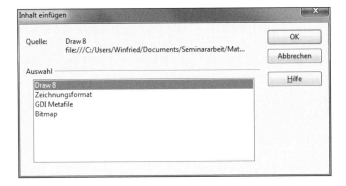

Abb. 4.45: Die Auswahl treffen

Im folgenden Dialogfenster belassen Sie es bei der Vorgabe *Draw 8*, da die Formatierungen des einbettenden Dokuments übernommen werden sollen.

Mit OK wird die Zeichnung eingefügt.

Abschließend können Sie diese durch Ziehen an einem der Eckpunkte mit gedrückter [⇧]-Taste auf die gewünschte Größe bringen.

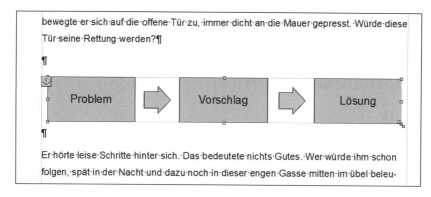

Abb. 4.46: Die eingefügte Zeichnung

Diagramme

Wenn es darum geht, größere Datenmengen zu visualisieren und zu vergleichen, dann bieten sich Diagramme an. Dabei muss es nicht immer Calc sein, denn Writer verfügt über eine oft ausreichende Diagrammfunktion.

Platzieren Sie den Cursor an der Stelle, an der das Diagramm erscheinen soll.

Rufen Sie die Menübefehlsfolge *Einfügen / Objekt / Diagramm* auf.

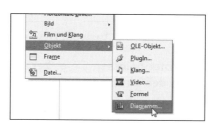

Abb. 4.47: Ein Diagramm einfügen

Writer erstellt sofort an dieser Stelle ein Diagramm und blendet Ihnen in der Symbolleiste *Format* die benötigten Schaltflächen zum Bearbeiten des Diagramms ein.

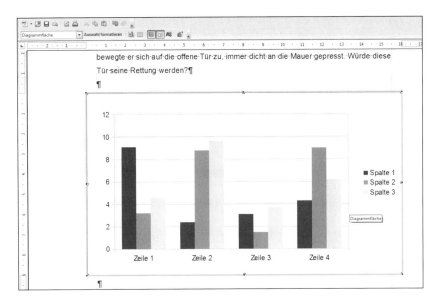

Abb. 4.48: Das Diagramm in Writer

Möchten Sie das Aussehen des Diagramms ändern, dann klicken Sie auf die Schaltfläche *Diagrammtyp* .

Im folgenden Dialogfenster wählen Sie aus einer Reihe von Vorgaben den gewünschten *Diagrammtyp*. Je nach Wahl stehen Ihnen anschließend verschiedene Unterkategorien zur Verfügung.

Und falls es eine plastische Darstellung werden soll, aktivieren Sie das Kontrollkästchen *3D-Darstellung* und stellen die gewünschte *Form* ein (siehe Abbildung 4.49).

Bestätigen Sie mit *OK*.

Wenn Sie die Werte anpassen wollen, klicken Sie auf die Schaltfläche *Diagrammdatentabelle*.

Im folgenden Dialogfenster können Sie nun die Werte durch einfaches Überschreiben ändern. Neue Datenreihen fügen Sie ein bzw. löschen überflüssige jeweils mit den entsprechenden Symbolen (siehe Abbildung 4.50).

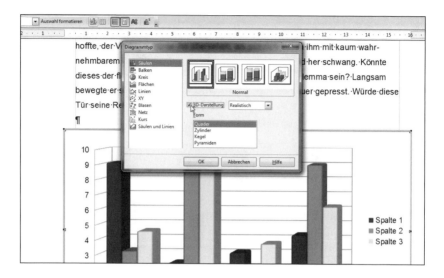

Abb. 4.49: Den Diagrammtyp ändern

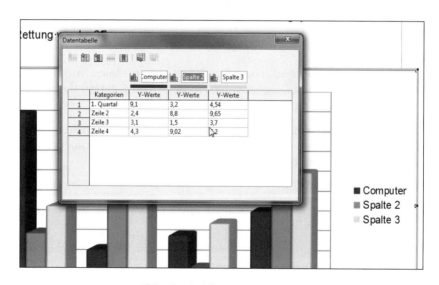

Abb. 4.50: Die Daten ändern

Auf der Symbolleiste finden Sie noch weitere interessante Schaltflächen wie beispielsweise zum Ein- und Ausschalten des Gitters oder der Legende.

Sind Ihre Arbeiten an dem Diagramm beendet, klicken Sie einfach außerhalb des Rahmens in den Text.

Das Diagramm wird nun mit den grünen Anfassern versehen und kann wie eine gewöhnliche Abbildung behandelt werden.

Formeln

Komplexe mathematische Formeln lassen sich in OpenOffice mithilfe des Moduls Math erstellen. Dabei handelt es sich zwar um ein eigenständiges Programm, doch es ist direkt über Writer aufrufbar. Auf diese Art und Weise lassen sich problemlos Formeln in mathematisch-naturwissenschaftliche Texte, Kalkulationen oder Vorträge einbinden.

Platzieren Sie den Cursor an die Stelle, an der Sie die Formel einfügen wollen, und wählen Sie dann die Menübefehlsfolge *Einfügen / Objekt / Formel*.

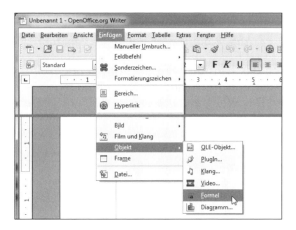

Abb. 4.51: Den Formeleditor starten

Sie erhalten ein zweigeteiltes Fenster.

Abb. 4.52: Das zweigeteilte Fenster

Im oberen Teil des Fensters wird die Formel angezeigt, während im unteren Teil die entsprechende Formel eingegeben und bearbeitet werden kann. Des Weiteren wird das kleine Fenster *Elemente* eingeblendet, welches Ihnen bei der Formelauswahl hilft.

TIPP

Sollte das Fenster *Elemente* nicht erscheinen, so können Sie es über die Menübefehlsfolge *Ansicht / Auswahl* einblenden.

Dieser Aufbau hat seine Ursache darin, dass man den Formeleditor auf zweierlei Arten bedienen kann:

▻ Sie können die Formeln bzw. die Formelteile mit der Maus auswählen und zusammenklicken oder

▻ Sie setzen die Formeln bzw. deren Bestandteile mithilfe bestimmter Textkommandos zusammen.

Im Alltag wird sich sicherlich eine Mischarbeitsweise aus Klicken und Eingeben einstellen.

Formeleingabe

Die Eingabe der Formeln lehnt sich an den naturwissenschaftlichen Sprachgebrauch an.

Allgemeine Vorgehensweise

Wie gesehen, kann man die Formel auf zweierlei Art eingeben. Am einfachsten erklärt sich der Formeleditor an Beispielen. Dabei werden Sie Bestandteile des Fensters *Elemente* einsetzen.

Sicherlich ist Ihnen im oberen Teil des Fensters der kleine Rahmen aufgefallen. In diesem wird die Formel grafisch angezeigt.

Im unteren Teil können Sie nun die Formel eingeben. Klicken Sie einmal hinein und geben Sie die einfache Formel 1 + 1 = ein.

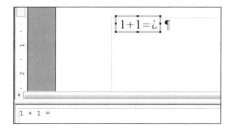

Abb. 4.53: Die erste Formel

Wie Sie sehen, wird diese sofort im oberen Teil grafisch umgesetzt. Da Sie nach dem Gleichheitszeichen noch keinen Wert eingegeben haben, erscheint an dieser Stelle ein umgedrehtes Fragezeichen.

Sie können nun das Ergebnis eingeben oder das zu einem späteren Zeitpunkt tun.

Wenn Sie mit der Formeleingabe fertig sind, klicken Sie einfach wieder in den Text und die gewohnten grünen Anfasser erscheinen.

Abb. 4.54: Die in Writer platzierte Formel

Komplexere Formeln

Werden die Formeln etwas komplexer, dann greifen Sie auf die Vorgaben des Fensters *Elemente* zurück. Die Arbeitsweise lässt sich beispielsweise an einem einfachen Bruch demonstrieren.

Klicken Sie in dem Fenster *Elemente* auf die Schaltfläche mit dem Bruch.

TIPP

Das Fenster *Elemente* ist ebenfalls zweigeteilt. Im oberen Bereich finden Sie die Kategorien. Wenn Sie diese anklicken, werden im unteren Teil die entsprechend dazugehörigen Funktionen angezeigt.

Der Bruch wird im oberen Teil mit zwei leeren Kästchen dargestellt. Im unteren Teil finden Sie den Eintrag: <?> over <?>. Dabei handelt es sich um ein Schlüsselwort, welches den Bruch repräsentiert.

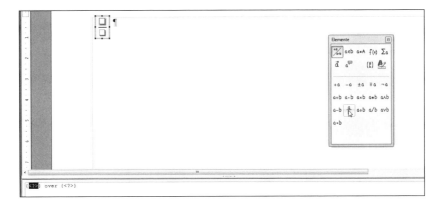

Abb. 4.55: Einen Bruch eingeben

Wie Sie sehen, sind die spitzen Klammern mit dem Fragezeichen jeweils in geschweifte Klammern eingefasst. Diese haben verbindende Funktion, da sie um einen logisch zusammengehörigen Teil gesetzt werden müssen.

Markieren Sie im unteren Teil das erste Fragezeichen in den spitzen Klammern (<?>) und geben Sie über die Tastatur eine 1 ein. Das ist der Zähler. Für den Nenner verfahren Sie ebenso und geben eine 2 ein.

Augenblicklich wird der Bruch dargestellt.

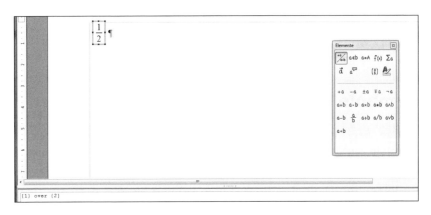

Abb. 4.56: Der Bruch ist fertig

Aufmerksamkeit erregen: Visuelle Hilfsmittel   **125**

Formel anpassen oder ändern

Möchten Sie die Formel verändern, dann genügt ein einfacher Klick auf die Formel und Sie können diese verschieben oder löschen (durch Betätigen von [Entf]).

Abb. 4.57: Eine Formel verschieben

TIPP

Das Eingeben von Formeln erfordert ein bisschen Übung und manchmal auch Geduld. Gerade wenn Sie etwas komplexere Formeln mithilfe des Fensters *Elemente* eingeben, werden Sie auch bei Beachtung einer gewissen Reihenfolge nicht den gewünschten Erfolg erzielen. Dieses Problem kann man umgehen, wenn man von vornherein die Textkommandos benutzt. An dieser Stelle sei allerdings nicht verschwiegen, dass Math einen recht großen Umfang an Schlüsselwörtern besitzt und es eine Weile dauert, bis man sich damit vertraut gemacht hat. Eine Komplettübersicht aller Kommandos finden Sie über die Menübefehlsfolge *OpenOffice.Org Hilfe / Inhalte / Suchen*. Dort geben Sie die **Schlagworte** Referenztabellen für Formeln **ein**.

Symbole

Neben der Eingabe von Formeln können Sie auch verschiedene Symbole einfügen. Um beispielsweise ein Winkelsymbol einzugeben, klicken Sie auf die Schaltfläche *Katalog*.

Im folgenden Dialogfenster *Symbole* wählen Sie aus der Liste *Symbolset* den Eintrag *Spezial*.

Suchen Sie in der Liste das gewünschte Symbol und markieren Sie es.

Mit einem Klick auf *Übernehmen* wird es in die Formel eingefügt.

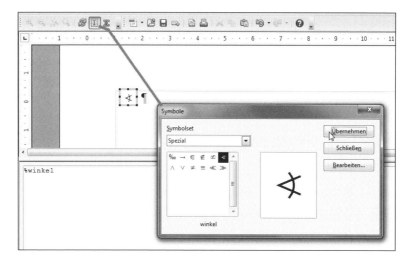

Abb. 4.58: Einen Winkel eingeben

Chemische Zeichen

Chemische und physikalische Formeln zeichnen sich dadurch aus, dass Zahlen häufig höher oder tiefer gestellt werden müssen und das links und rechts vom chemischen Symbol.

Dies wird mithilfe der Schlüsselwörter sup für hochstellen und sub für tiefstellen erreicht. Je nachdem, ob die Zahl vor oder nach dem Symbol stehen soll, wird noch ein l für links und ein r für rechts davor eingefügt.

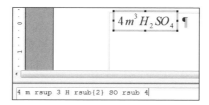

Abb. 4.59: Chemische Zeichen leicht gemacht

Tabellen

Tabellen erleichtern die systematische Darstellung von Informationen und sind eng mit den Tabulatoren verwandt. Wenn es darum geht, bestimmte Informationen übersichtlich darzustellen oder Textblöcke voneinander abzusetzen, sind Tabellen die richtige Wahl. Ferner lassen sich Tabellen auch hervorragend für Materialsammlungen einsetzen.

Tabellen anlegen

Eine Tabelle können Sie am schnellsten mithilfe des Symbols *Tabelle* anlegen, das Sie auf der Symbolleiste *Standard* finden.

Klicken Sie auf den Listenpfeil dieser Schaltfläche.

In dem herausklappenden Menü legen Sie die Anzahl der Spalten und Zeilen fest. Dazu fahren Sie einfach mit der Maus über die Zellen, bis die gewünschte Anzahl markiert ist.

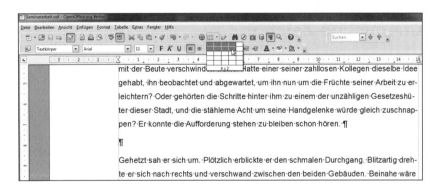

Abb. 4.60: Eine Tabelle anlegen

Haben Sie die gewünschte Anzahl erreicht, klicken Sie auf die letzte Zelle.

Danach erscheint diese Tabelle im Dokument.

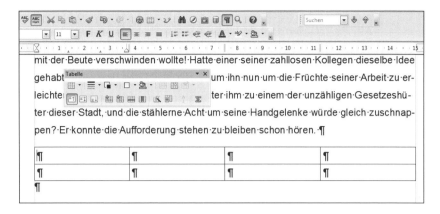

Abb. 4.61: Die neue Tabelle

Zudem wird die Symbolleiste *Tabelle* eingeblendet.

Dateneingabe

Die Dateneingabe nehmen Sie dann wie folgt vor: Da der Cursor in der ersten Zelle steht, können Sie dort gleich mit einem Eintrag beginnen.

Um in die folgende Zelle zu gelangen, drücken Sie die Taste ⇥ und schreiben den nächsten Eintrag. Dann drücken Sie wieder die Taste ⇥ und fahren so entsprechend fort.

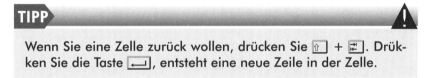

Wenn Sie eine Zelle zurück wollen, drücken Sie ⇧ + ⇥. Drücken Sie die Taste ⏎, entsteht eine neue Zeile in der Zelle.

Haben Sie den letzten Eintrag in dieser Zeile erreicht, betätigen Sie wieder die ⇥-Taste und landen so in der folgenden Zeile.

Hier tragen Sie die nächsten Angaben ein. Wenn Sie am Ende dieser Zeile sind, drücken Sie wiederum die Taste ⇥. Dadurch wird die Tabelle automatisch um eine weitere Zeile verlängert.

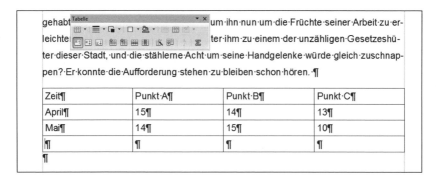

Abb. 4.62: Eine neue Zeile entsteht

Tabelle(nbestandteile) auswählen

Zum Formatieren und Verändern der Tabelle können Sie diese wie folgt markieren:

Markierung	Auswirkung
Zum Markieren einer Zeile klicken Sie links vor die Zeile.	
Zum Markieren einer Spalte klicken Sie oberhalb der Spalte, wenn der Mauszeiger einen senkrechten Pfeil zeigt.	
Wenn Sie schräg auf die linke obere Ecke der Tabelle zeigen, wird die gesamte Tabelle markiert.	

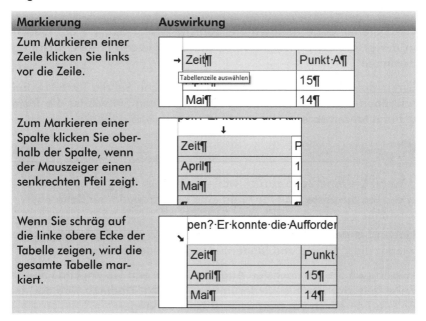

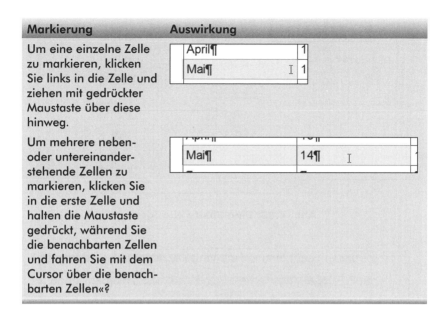

Tab. 4.1: Tabellenbestandteile auswählen

Zeilen und Spalten einfügen bzw. löschen

Falls Sie merken, dass Sie etwas vergessen haben, können Sie mitten in die Tabelle hinein eine neue Spalte oder Zeile einfügen:

Um eine Spalte einzufügen, markieren Sie die Spalte, vor oder nach der die neue Spalte erscheinen soll. Entsprechend gehen Sie vor, wenn Sie eine Zeile einfügen wollen.

In der Symbolleiste *Tabelle* finden Sie die benötigte Schaltfläche *Spalte einfügen* bzw. *Zeile einfügen* (siehe Abbildung 4.63).

Genauso verfahren Sie beim Löschen einer oder mehrerer Zeilen:

Zunächst markieren Sie die Zeile(n) oder Spalte(n) und klicken dann in der Symbolleiste *Tabelle* auf die Schaltfläche *Zeile löschen* bzw. *Spalte löschen* (siehe Abbildung 4.64).

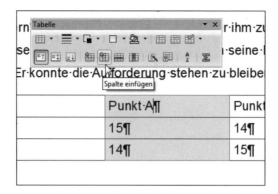

Abb. 4.63: Eine Spalte einfügen

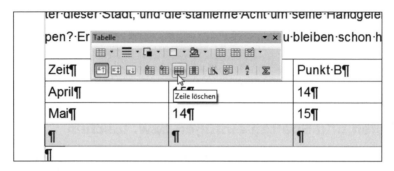

Abb. 4.64: Eine Zeile löschen

Tabellen formatieren

Für das Formatieren von Tabellen gelten keine Besonderheiten. Nachdem Sie markiert sind, können Sie alle Zeichenformate anwenden, die auch im normalen Text möglich sind.

Zum Formatieren einer Tabelle gehört auch das Anpassen von Spaltenbreite und Zeilenhöhe sowie das Ausrichten der Zellinhalte.

Sie können diese Arbeiten entweder mit der Maus vornehmen oder auf die Symbole der Symbolleiste *Tabelle* zurückgreifen. Diese erscheint immer dann, wenn Sie innerhalb der Tabelle klicken.

Abb. 4.65: Die Tabellentools

Die Spaltenbreite können Sie direkt mit dem Mauszeiger verändern. In diesem Fall darf nichts markiert sein, sonst wird eventuell nicht die ganze Spalte verändert. Führen Sie den Mauszeiger auf die senkrechte Trennlinie, klicken Sie, halten Sie die Maustaste gedrückt und verschieben Sie die Linie.

Abb. 4.66: Die Spaltenbreite verändern

Genauso verändern Sie die Zeilenhöhe.

Wenn Sie dann jedoch wieder gleich breite Spalten wünschen, markieren Sie diese Spalten (mindestens zwei Spalten!) und klicken bei aktivierten Tabellentools das Symbol *Spalten gleichmäßig verteilen*, welches Sie im Listenmenü der Schaltfläche *Optimieren* finden.

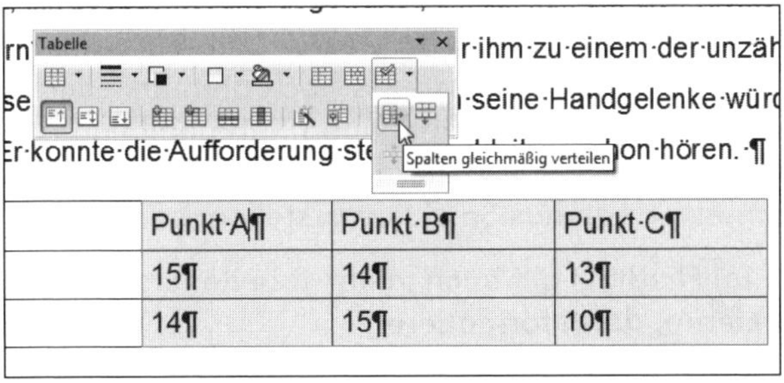

Abb. 4.67: Die Spalten gleichmäßig verteilen

> **TIPP**
>
> Möchten Sie die Spaltenbreite exakt an den Inhalt der Tabelle anpassen, wählen Sie im Listenmenü der Schaltfläche *Optimieren* das Symbol *Optimale Spaltenbreite*.

Für die Zeilen funktioniert es in der gleichen Weise mit dem Symbol *Zeilen verteilen*.

Selbstverständlich können Sie in jeder Zelle den Text linksbündig, zentriert oder rechtsbündig ausrichten. Innerhalb einer Zelle ist es aber auch wünschenswert, den Text vertikal, also oben, in der Mitte oder unten anzuordnen.

Verwenden Sie dazu die Symbole *Oben*, *Mittig (vertikal)* und *Unten*.

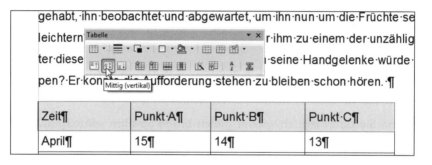

Abb. 4.68: Den Zellinhalt vertikal ausrichten

Nicht immer ist es erwünscht, dass alle Zellen als solche auch sichtbar sind. Oder Sie wollen innerhalb einer Liste nur senkrechte Linien erscheinen lassen. Dann müssen Sie nach dem Erstellen der Tabelle zusätzlich mit den schon beschriebenen Rahmenlinien arbeiten (Kapitel »Seiten gestalten: Formatierungen und Formatvorlagen«, Abschnitt »Formatvorlage aus Selektion erstellen«).

Genau wie im Fließtext gilt auch in der Tabelle: Erst die gewünschten Zellen markieren, dann formatieren.

Um beispielsweise alle Rahmenlinien zu entfernen, klicken Sie auf den Listenpfeil des Symbols *Umrahmung* und wählen das Symbol *Kein Rahmen*.

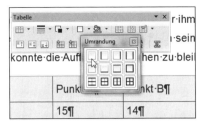

Abb. 4.69: Den Tabellenrahmen entfernen

TIPP

Die Linien, die dann auf dem Bildschirm noch sichtbar sind, werden *Gitternetzlinien* genannt. Sie dienen zur Orientierung beim Bearbeiten der Tabelle und sind im Ausdruck nicht zu sehen.

Möchten Sie die Tabelle mit Linien versehen, wählen Sie die Art der Linien über das Symbol *Linienstil* aus. Nachdem Sie auf den Listenpfeil geklickt haben, markieren Sie die gewünschte Größe im Dialogfenster *Umrandungsstil*.

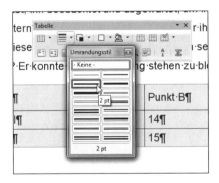

Abb. 4.70: Den Umrandungsstil bestimmen

Um die Tabellenlinien farbig zu gestalten, wählen Sie die gewünschte Farbe nach Anklicken des Listenpfeils beim Symbol *Rahmenlinienfarbe* aus.

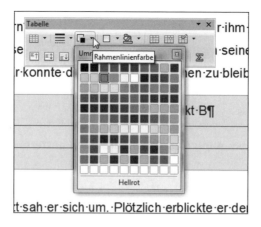

Abb. 4.71: Die Rahmenfarbe festlegen

Als weitere Hervorhebung können Sie innerhalb einer Tabelle eine oder mehrere Zellen mit einer Schattierung, grau oder farbig, unterlegen.

Nach dem Markieren klicken Sie auf den Listenpfeil des Symbols *Hintergrundfarbe* und wählen die gewünschte Schattierungsfarbe aus.

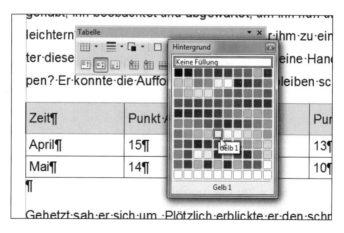

Abb. 4.72: Eine Schattierungsfarbe aussuchen

5 Wissen belegen: Wissenschaftliche Hinweise

Ziele

⇨ Wissenschaftliche Aussagen erläutern und belegen
⇨ Informationen schneller auffinden

Schritte zum Erfolg

⇨ Quellennachweise mit Kurzbelegen und Fußnoten erstellen und perfekt formatieren
⇨ Informationen schneller finden mit Verweisen und Textmarken
⇨ Inhalte, Abbildungen und Stichwörter perfekt auflisten

In wissenschaftlichen Arbeiten müssen Sie Fundstellen belegen und dem Leser Orientierung geben. Wie man das bewerkstelligt, lesen Sie in den folgenden Abschnitten.

Zitate

In Ihren Arbeiten werden Sie des Öfteren Materialien aus fremden Quellen verwenden, um beispielsweise Ihre Thesen zu stützen. Solche Textteile müssen besonders gekennzeichnet und durch die genaue Angabe ihrer Herkunft belegt werden.

Für die Quellennachweise gelten Besonderheiten:

⇨ Bei einem wörtlichen Zitat muss der Text unverändert in seiner ursprünglichen Schreibweise (z.B. alte Rechtschreibung) und Zeichensetzung übernommen werden. Jede Änderung (Ergänzungen werden in eckige Klammern gesetzt) oder Auslassung (in runden Klammern finden sich drei Punkte) muss extra gekennzeichnet werden.

⇨ Zitate werden in Anführungsstriche eingeschlossen. Und falls der zitierte Text selbst welche enthält, sind einfache Anführungszeichen (die Sie nach Anklicken der Schaltfläche *Symbol* (in der gleichnamigen Gruppe) auf der Registerkarte *Einfügen* finden) zu verwenden.

⇨ Sinngemäße Zitate, also solche, in denen lediglich der Gedanke des Autors in eigenen Worten wiedergegeben wird, werden dagegen nicht in Anführungsstriche gesetzt.

⇨ Bei Zitaten müssen die Orthografie und die Interpunktion genau wiedergegeben werden, auch wenn Fehler enthalten sind.

⇨ Generell sind Quellen aus erster Hand zu bevorzugen. Falls das Zitieren aus zweiter Hand unumgänglich ist, wird der Zusatz »zitiert in:« oder abgekürzt »zit. in:« verwendet.

Formatvorlage Zitat

Gerade längere Zitate werden oftmals links und rechts eingerückt und mit einer Kursivschrift versehen. Auch diese Formatierung kann wieder durch eine Formatvorlage erfolgen.

Rufen Sie über den Menüpunkt *Format* das Dialogfenster *Absatz* auf und nehmen Sie im Bereich *Einzug* die entsprechenden Einstellungen (etwa wie in folgender Abbildung) vor.

Abb. 5.1: Die Einzüge einstellen

Schließen Sie das Dialogfenster mit OK.

Klicken Sie dann dreimal in den Absatz, sodass dieser markiert wird und formatieren Sie ihn mit *kursiv*.

Belassen Sie die Markierung auf dem Absatz, rufen Sie das Dialogfenster *Formatvorlagen* (F11) auf und wählen Sie den Eintrag *Neue Vorlage aus Selektion*.

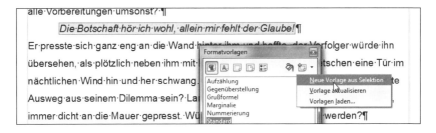

Abb. 5.2: Die Formatvorlage erstellen

Im folgenden Dialogfenster vergeben Sie als *Name* für die Formatvorlage die Bezeichnung Zitate und beenden den Vorgang mit OK.

Quellennachweise

Wie Quellennachweise im Einzelnen zu gestalten sind, wird im Regelfall genau vorgeschrieben. Finden sich keine Angaben, so sollten Sie sich für eine der zwei grundlegenden Arten entscheiden, wie man die Herkunft von Quellen belegen kann:

⇨ Kurzbeleg im Text

⇨ Ausführlicher Beleg in einer Fußnote

Kurzbeleg

Der *Kurzbeleg* wird direkt in den Text eingefügt und durch eine Klammer vom Text abgegrenzt. Dabei kann man etwa den Nachnamen, den Titel und die Seitenzahl angeben, z.B. *(Goethe, Faust, 102).* Reichen diese Angaben nicht aus, etwa weil es mehrere Auflagen gibt, dann sollte eine entsprechende Ergänzung anhand des Erscheinungsjahres erfolgen, z.B. *(Seimert, Telearbeit, 1997, 112).*

Die eindeutige Zuordnung bringt dann das alphabetische Literaturverzeichnis, das sich am Ende der Abhandlung befinden muss.

Fußnote

Der ausführliche Quellennachweis wird durch ein Fußnotenzeichen kenntlich gemacht. In diesem finden sich dann die kompletten bibliografischen Angaben, die eine eindeutige Zuordnung des Zitats ermöglichen, z.B. *Seimert, Telearbeit. Wiesbaden 1997, S. 112.* Und falls wiederholt auf dieses Buch verwiesen wird, genügt eine verkürzte Angabe, wie *Seimert, Telearbeit, a.a.O., S. 158.*

Eigentlich sollten Sie Fußnoten nur für Anmerkungen und Kommentare verwenden. Literaturangaben und Zitatnachweise werden im Allgemeinen im Text mithilfe von Klammern gemacht (man spricht von der »amerikanischen Zitierweise«). Die im Folgenden vorgestellte Zitierweise in der Fußnote ist allerdings weiterhin gebräuchlich. Überprüfen Sie deshalb unbedingt, welche Art gewünscht ist. Bestehen keine Vorgaben, dann sollten Sie – wie auch immer Sie sich entscheiden – eine Zitierweise durchgängig nutzen.

Um eine Fußnote anzulegen, platzieren Sie den Cursor an der Stelle, an der das Zitatzeichen erscheinen soll.

Anschließend rufen Sie den Menüpunkt *Einfügen* auf. Hier wählen Sie *Fuß-/Endnote einfügen,* worauf Sie das folgende Dialogfenster erhalten.

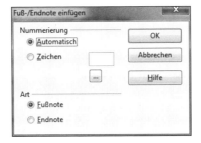

Abb. 5.3: Hier legen Sie die Fußnote an

Zunächst sollten Sie die *Art* festlegen, d.h. die Option treffen, ob Sie eine *Fußnote* oder eine *Endnote* anlegen möchten. Eine Endnote wird stets am Dokumentenende eingefügt, während eine Fußnote am Seitenende steht.

Im Bereich *Nummerierung* können Sie das gewünschte oder erforderliche Aussehen festlegen. Wenn Sie sich für ein *Zeichen* entscheiden, können Sie dieses direkt in das Feld eingeben oder mithilfe der Schaltfläche mit den drei Punkten aussuchen.

Die Einstellungen übernehmen Sie dann mit einem simplen Klick auf OK und Writer fügt Ihnen die Fußnote ein.

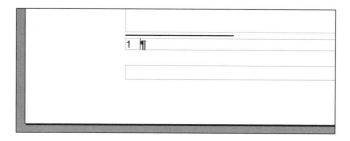

Abb. 5.4: Die neu eingefügte Fußnote

Nun müssen Sie nur noch den Fußnotentext eingeben.

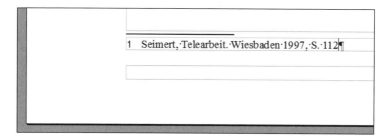

Abb. 5.5: Geben Sie noch den Text ein

Formatvorlage »Fußnote«

Fußnoten werden automatisch mit der Formatvorlage *Fußnote* verbunden, die Sie gegebenenfalls Ihren Anforderungen anpassen müssen.

Klicken Sie dazu mit der rechten Maustaste im Dialogfenster *Formatvorlagen* auf den Eintrag *Fußnote* und wählen Sie den Kontextmenüpunkt *Ändern*.

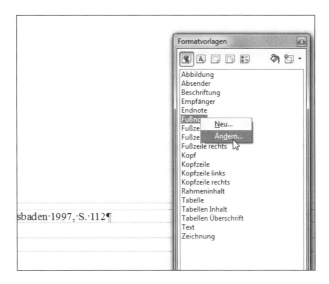

Abb. 5.6: Die Formatvorlage der Fußnote anpassen

Im folgenden Dialogfenster können Sie die gewünschten Änderungen durchführen und mit einem Klick auf OK übernehmen.

Verweise

Sehr oft werden Sie in einem Text auf Informationen verweisen wollen, die in demselben Text an anderer Stelle zu finden sind. In diesen Fällen setzen Sie Querverweise ein, die sich auf verschiedene Elemente wie Überschriften, Textmarken oder Fuß- und Endnoten beziehen.

Zunächst geben Sie an der entsprechenden Stelle einen einleitenden Text ein und rufen dann den Menüpunkt *Einfügen* auf. Hier wählen Sie *Querverweis*.

Im folgenden Fenster legen Sie als Erstes den *Feldtyp* fest. Neben den Ihnen schon bekannten Typen *Überschrift* oder *Fußnote* finden Sie hier auch Verweismöglichkeiten auf *Textmarke* oder *Nummerierte Absätze*.

Nach Auswahl des Feldtyps markieren Sie im Feld *Auswahl* das betreffende Element, auf das Sie verweisen möchten, und im Feld *Referenz auf* legen Sie dann fest, auf welche Weise die Position angegeben werden soll.

Abb. 5.7: Das Aussehen des Querverweises bestimmen

Mit einem Klick auf *Einfügen* schließen Sie die Arbeiten ab.

Der Querverweis wird an der Cursorposition eingefügt. Wenn Sie nun den Mauszeiger auf diese Position bewegen, wird eine *QuickInfo* eingeblendet und mit einem Klick bei gedrückter Strg-Taste gelangen Sie an diese Stelle.

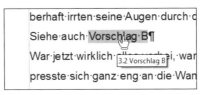

Abb. 5.8: Der Verweis als Hyperlink

Textmarken

Bei *Textmarken* handelt es sich um eine Art Lesezeichen, mit deren Hilfe Sie direkt zu bestimmten Stellen in Ihrem Dokument gelangen können. Ihr Einsatz bietet sich immer dann an, wenn Sie bestimmte Stellen mehrmals überarbeiten müssen und es nervig ist, über die Bildlaufleiste oder das Scrollrad dorthin zu kommen.

Um eine Textmarke einzufügen, setzen Sie vor Aufruf des Menüpunkts *Einfügen* den Cursor an die Stelle, auf die Sie verweisen wollen.

Dann wählen Sie den Menüpunkt *Textmarke* aus. Im folgenden Dialogfenster tragen Sie im Feld *Textmarken* einen Namen ein.

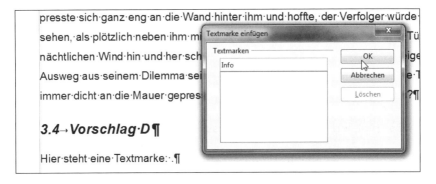

Abb. 5.9: Eine Textmarke anlegen

Wenn Sie mit OK bestätigen, wird das Dialogfenster ausgeblendet und der Vorgang beendet.

Im Gegensatz zu den Fuß- oder Endnoten werden Textmarken standardmäßig nicht angezeigt, sodass Sie im Text nichts erkennen werden.

Möchten Sie die Textmarken im Text erscheinen lassen, dann aktivieren Sie das Kontrollkästchen *Textmarken anzeigen,* das Sie in der Kategorie *Erweitert* der *Writer-Optionen* (Aufruf über die *Datei*-Schaltfläche, Menüpunkt *Optionen*) finden.

Um zu einem späteren Zeitpunkt an diese Stelle zu gelangen, genügt es, den Navigator mit F5 zu öffnen.

Klicken dann auf das Pluszeichen neben *Textmarken* und doppelklicken Sie schließlich auf den Namen der gewünschten Textmarke.

Abb. 5.10: Über den *Navigator* zur Textmarke

Writer platziert daraufhin den Cursor an dieser Stelle.

Verzeichnisse

Unter einem *Verzeichnis* versteht man eine listenförmige Zusammenstellung bestimmter Textteile. Typische Beispiele sind das Inhalts- oder das Stichwortverzeichnis, die Sie auch in diesem Buch vorfinden.

Damit Writer ein solches Verzeichnis erstellen kann, müssen die aufzunehmenden Teile zuvor von Ihnen gekennzeichnet werden. Dann können Sie einen der fünf Typen erstellen, nämlich:

⇨ Inhaltsverzeichnis

⇨ Abbildungsverzeichnis

⇨ Tabellenverzeichnis

⇨ Stichwortverzeichnis

⇨ Literaturverzeichnis

TIPP

Möchten Sie zu einem späteren Zeitpunkt ein Verzeichnis entfernen, etwa, weil sich Fehler eingeschlichen haben und ein Neuaufbau die bessere Wahl ist, dann klicken Sie mit der rechten Maustaste in das betreffende Verzeichnis und wählen einfach den Kontextmenüpunkt *Verzeichnis löschen* aus.

Inhaltsverzeichnis

Ein Inhaltsverzeichnis enthält die Überschriften des Textes. Haben Sie – wie im Kapitel »Wissen belegen: Wissenschaftliche Hinweise«, Abschnitt »Formatvorlage Überschriften« empfohlen – die Formatvorlagen *Überschrift* verwendet, kann Writer schnell und unproblematisch ein solches Verzeichnis erstellen.

In diesem Fall müssen Sie lediglich den Cursor an der Stelle platzieren, an der das Verzeichnis eingefügt werden soll. Dort rufen Sie die Menübefehlsfolge *Einfügen / Verzeichnisse / Verzeichnisse* auf.

Sie erhalten das Dialogfenster *Verzeichnis einfügen,* in dem Sie die entsprechenden Optionen einstellen können.

Beispielsweise können Sie einen *Titel* vergeben oder die Vorgabe übernehmen.

Soll der Titel nur von Writer verwaltet werden, dann belassen Sie das Kontrollkästchen *Geschützt vor manuellen Änderungen* aktiv.

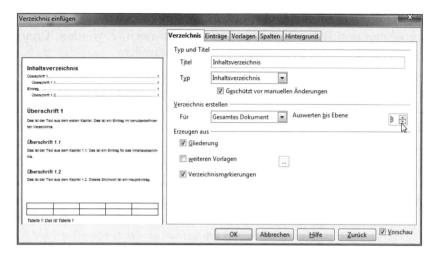

Abb. 5.11: Ein Inhaltsverzeichnis anlegen

Hier legen Sie nun das Aussehen des Inhaltsverzeichnisses fest und bestimmen insbesondere, wie viele Ebenen ausgewertet werden sollen.

> **TIPP**
>
> Wie viele Ebenen man nimmt, hängt zum einen von der Vorgabe ab und zum anderen von der Übersichtlichkeit. Verzichten Sie lieber auf eine Ebene, bevor die Inhaltsangabe zu überladen wirkt.

Ist alles zu Ihrer Zufriedenheit eingerichtet, führt ein Klick auf OK sofort zu dem gewünschten Inhaltsverzeichnis (siehe Abbildung 5.12).

Wie Sie sehen, verwendet Writer die Formatvorlagen *Inhaltsverzeichnis 1*, *Inhaltsverzeichnis 2* usw. Diese können Sie auf die gewohnte Art und Weise abändern und beispielsweise den Einzug der Ebene 2 eliminieren.

Allerdings werden gegenwärtig die Ziffern bei den Verzeichnissen und im Anhang in arabischer Form dargestellt.

Deshalb müssen die betreffenden Seitenvorlagen abgeändert werden.

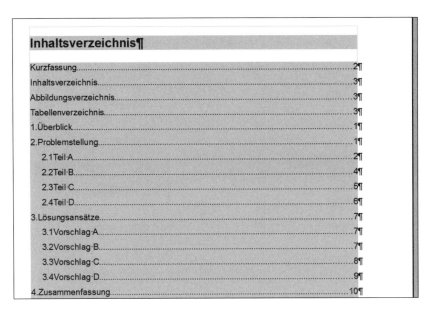

Abb. 5.12: Und schon ist ein Inhaltsverzeichnis fertig

Doppelklicken Sie in der Statusleiste auf den Namen der Seitenvorlage, die angepasst werden muss.

Abb. 5.13: Auf den Namen der Seitenvorlage doppelklicken

Dadurch erhalten Sie das entsprechende Dialogfenster, in dem Sie in der Registerkarte *Seite* die Seitennummer anpassen können.

Stellen Sie im Bereich *Layouteinstellungen* über das Listenfeld *Format* das entsprechende Seitennummern-Format ein.

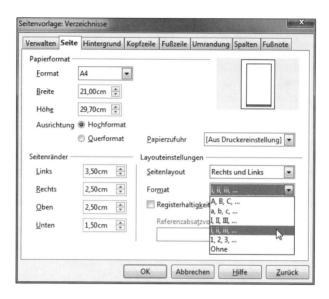

Abb. 5.14: Wählen Sie das entsprechende Format

Schließen Sie die Arbeiten mit *OK* ab und aktualisieren Sie einmal das Verzeichnis über den Kontextmenüpunkt *Verzeichnis aktualisieren*. Jetzt sollte es passen.

Verfahren Sie bei der zweiten Seitenvorlage, *Anhänge*, ebenso.

Abschließend gilt es, noch eine optische Kleinigkeit zu verbessern. Bestimmt sind Ihnen die fehlenden Leerzeichen nach den Nummerierungsziffern aufgefallen.

Klicken Sie dazu mit der rechten Maustaste in das Verzeichnis und rufen Sie über den Kontextmenüpunkt *Verzeichnis bearbeiten* das Dialogfenster *Verzeichnis einfügen* auf den Schirm.

In der Registerkarte *Einträge* finden Sie im Bereich *Struktur und Formatierung* die Schaltflächen und Felder, mit denen der Verzeichniseintrag aufgebaut ist.

Klicken Sie hier hinter die Schaltfläche mit der Eintragsnummer (*E#*) und geben Sie über die Tastatur (Leer -Taste) ein Leerzeichen ein.

Verfahren Sie mit der zweiten und dritten Aufzählungsebene ebenso und schließen Sie dann das Dialogfenster.

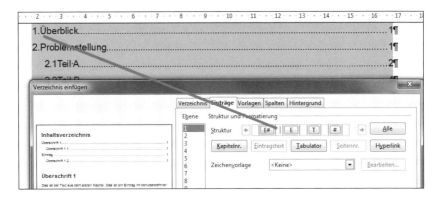

Abb. 5.15: Das fehlende Leerzeichen ergänzen

Abbildungen

Ein Abbildungsverzeichnis führt die einzeln erstellten Abbildungsbeschriftungen zusammen und gibt so einen Überblick, wo welche Abbildung zu finden ist. Hierfür müssen Grafiken und Bilder mit einer Beschriftung versehen sein.

Abbildungen beschriften

Dazu müssen Sie lediglich die betreffende Grafik markieren und im Menü *Einfügen* auf *Beschriftung* klicken.

Dadurch erscheint das Dialogfenster *Beschriftung* (siehe Abbildung 5.16).

Im Feld *Beschriftungstext* tragen Sie den Text ein, der zu dieser Grafik erscheinen soll.

Im Listenfeld *Kategorie* können Sie wählen, um was für ein Objekt es sich handelt. Neben der hier benötigten *Abbildung* können Sie auch eine *Tabelle,* einen *Text* oder eine *Zeichnung* auf diese Weise beschriften.

Je nach Wahl wird im Feld *Nummerierung* diese mit fortlaufender Nummer eingefügt.

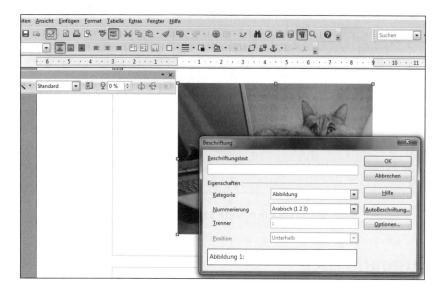

Abb. 5.16: Ein Bild beschriften

Das Ergebnis können Sie in der kleinen Vorschau am unteren Rand sehen. Passt es, dann fügt Writer nach einem Klick auf OK die entsprechende Bezeichnung ein.

Abb. 5.17: Und schon ist es beschriftet

> **TIPP**
>
> Wenn Sie alle Abbildungen auf einen Schlag beschriften möchten, dann wählen Sie die Schaltfläche *AutoBeschriftung* und in der Liste die zu beschriftenden Elemente.

Die von Writer automatisch vergebene Formatvorlage *Abbildung* können Sie an Ihre Gegebenheiten anpassen. Insbesondere sollten Sie den Abstand nach der Abbildung auf 18 pt erhöhen.

Tabellenbeschriftung

Tabellen werden ähnlich wie Abbildungen behandelt, d.h., man kann Sie mit einer Beschriftung mit fortlaufender Nummerierung versehen.

Zunächst muss die Tabelle beschriftet werden. Wählen Sie die Menübefehlsfolge *Einfügen / Beschriftung* aus und nehmen Sie im folgenden Dialogfenster *Beschriftung* dieselbe vor.

Im Listenfeld *Kategorie* wählen Sie den Eintrag *Tabelle*.

Abb. 5.18: Eine Tabelle beschriften

Im Gegensatz zu den Abbildungen werden Tabellen oft mit einer Beschriftungen oberhalb versehen. Diese Einstellung nehmen Sie im Listenfeld *Position* vor.

Abb. 5.19: Position der Beschriftung festlegen

Mit OK wird die Tabelle beschriftet.

Abb. 5.20: Die beschriftete Tabelle

> **TIPP**
>
> Wenn Sie sich für eine Position oberhalb der Tabelle entscheiden, sollte anschließend die Formatvorlage *Tabelle* etwas abgewandelt werden. Ändern Sie den Abstand vor dem Absatz auf *24 pt* und entfernen Sie den Abstand nach dem Absatz.

Abbildungsverzeichnis erstellen

Das Abbildungsverzeichnis ist danach schnell erstellt, denn Abbildungen mit Beschriftungen werden automatisch übernommen.

Positionieren Sie den Cursor an die gewünschte Stelle und rufen Sie das Dialogfenster *Verzeichnis einfügen* über die Menübefehlsfolge *Einfügen / Verzeichnisse / Verzeichnisse* auf.

Stellen Sie in der Registerkarte *Verzeichnis* im Bereich *Typ und Titel* den *Typ* auf *Abbildungsverzeichnis* um.

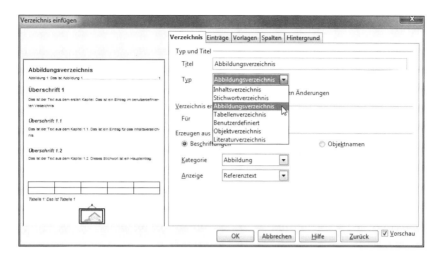

Abb. 5.21: Wählen Sie den *Typ Abbildungsverzeichnis*

Mit einem abschließenden Klick auf *OK* erstellen Sie das Abbildungsverzeichnis.

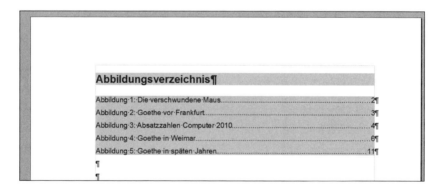

Abb. 5.22: Das fertige Abbildungsverzeichnis

Erstellen Sie auf die gleiche Art und Weise das Tabellenverzeichnis. Hier müssen Sie lediglich im Dialogfenster *Verzeichnis einfügen* auf der Registerkarte *Verzeichnis* im Bereich *Typ und Titel* den *Typ Tabellenverzeichnis* auswählen.

Stichwörter (Index)

Ein *Stichwortverzeichnis*, auch *Index* genannt, besteht aus einer Auflistung alphabetisch sortierter Stichworteinträge und verweist auf die Seiten, auf denen diese zu finden sind.

Um einen Index zu erstellen, benötigen Sie Indexeinträge, also Textpassagen, die in den Index aufgenommen werden.

Dementsprechend müssen Sie zunächst in Ihren Texten diese Indexeinträge anlegen.

Dazu markieren Sie die gewünschte Textpassage bzw. das Schlagwort und rufen das Dialogfenster *Verzeichniseintrag einfügen* über die Menübefehlsfolge *Einfügen / Verzeichnisse / Eintrag* auf den Schirm.

Im Feld *Verzeichnis* ist bereits die Option *Stichwortverzeichnis* ausgewählt.

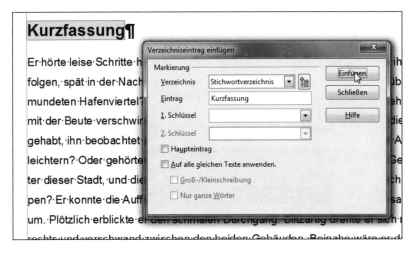

Abb. 5.23: Einen *Verzeichniseintrag einfügen*

Wie Sie bemerken, befindet sich im Feld *Eintrag* bereits das von Ihnen markierte Schlagwort bzw. die betreffende Passage.

In das Feld *1. Schlüssel* können Sie ein weiteres Schlagwort eingeben, das eingerückt dargestellt wird.

Wenn Sie auf die Schaltfläche *Einfügen* klicken, fügt Writer an der betreffenden Stelle den Indexeintrag als Feld ein.

Abb. 5.24: Ein Index im Text

TIPP

Wenn Sie im Dialogfenster *Verzeichniseintrag einfügen* das Kontrollkästchen *Auf alle gleichen Texte anwenden* aktivieren, nimmt Writer alle Stellen im Dokument auf.

Auf diese Art und Weise legen Sie dann alle Indexe fest.

Das Indexverzeichnis selbst fügen Sie dann wie ein Inhaltsverzeichnis ein. Sie müssen also den Cursor nur an der betreffenden Stelle platzieren und dann die Menübefehlsfolge *Einfügen / Verzeichnisse / Verzeichnisse* auswählen.

Im folgenden Dialogfenster *Verzeichnis einfügen* können Sie noch das nähere Aussehen des Stichwortverzeichnisses festlegen (siehe Abbildung 5.25).

Stichwortverzeichnisse können recht viel Platz benötigen. Dem beugen Sie vor, wenn Sie diese in Spalten setzen.

Wechseln Sie zur Registerkarte *Spalten* und stellen Sie im Feld *Spalten* den Zähler auf 2. Anschließend erhöhen Sie den *Abstand* zwischen den Spalten auf 1,00 cm (siehe Abbildung 5.26).

Sind Sie fertig, klicken Sie auf die Schaltfläche *OK*.

Writer fügt wie gewünscht das Stichwortverzeichnis ein (siehe Abbildung 5.27).

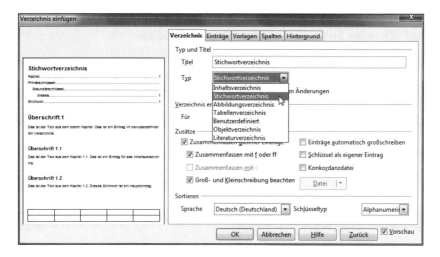

Abb. 5.25: Das Stichwortverzeichnis einfügen

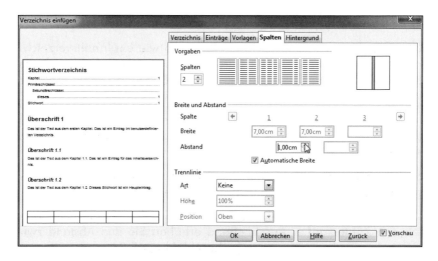

Abb. 5.26: Spalten festlegen

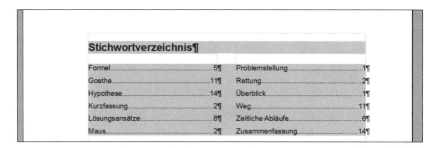

Abb. 5.27: Das fertige Stichwortverzeichnis

Literaturverzeichnis

Ein Literaturverzeichnis listet die verwendete Literatur auf und dient somit der Quellenangabe.

Zunächst müssen Sie die verwendete Literatur aufnehmen. Dazu können Sie die eingebaute Datenbank Bibliografie *(biblio.odb)* verwenden, die die Möglichkeit gibt, eigene Literaturverweise einzufügen und daraus ein Literaturverzeichnis zu generieren.

Über *Extras / Literaturdatenbank* lassen sich alle Literaturstellen verwalten. Diese greifen allerdings auf die mitgelieferte Literaturdatenbank zu. Zwar könnten Sie nun Ihre eigenen Daten hinzufügen, effizienter ist es jedoch, wenn Sie sich Ihre eigene Literaturdatenbank anlegen.

Vorarbeiten in Base

Diese Arbeiten werden in Base durchgeführt, da die betreffende Datenbank geöffnet und abgeändert werden muss.

Das Arbeiten mit Base gestaltet sich nicht so kompliziert, wie es vielleicht aussieht. Möchten Sie mehr über dieses Modul erfahren, so sei Ihnen das Taschenbuch OpenOffice 3.3 (ISBN 978-3826675416) aus dem gleichen Verlag empfohlen.

Starten Sie das Modul *Base*.

Im Willkommensbildschirm *Datenbank-Assistent* wählen Sie die Option *Bestehende Datenbankdatei öffnen* und klicken dann auf die Schaltfläche *Öffnen*.

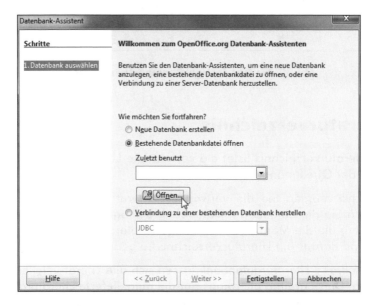

Abb. 5.28: Die Literaturdatenbank aufrufen

Im folgenden Dialogfenster suchen Sie den Speicherort der Datei *biblio.odb*.

Diese befindet sich im Installationsverzeichnis Ihres OpenOffice-Programms. Alternativ finden Sie die abgewandelte Datenbank auch im Verzeichnis *Material / Sonstiges* auf der Buch-CD.

Mit einem Klick auf *Fertigstellen* wird die Datenbank in Base geladen.

Rufen Sie nun die Menübefehlsfolge *Datei / Speichern unter* auf und speichern Sie die Datenbank in Ihr Verzeichnis.

Anschließend klicken Sie mit der rechten Maustaste auf die Tabelle *biblio* und wählen Sie den Kontextmenüpunkt *Kopieren*.

Abb. 5.29: Die Tabelle kopieren

Nehmen Sie dann die Markierung von der vorhandenen Tabelle, klikken Sie erneut die rechte Maustaste und wählen Sie den Menüpunkt *Einfügen*.

Im folgenden Dialogfenster tragen in das Feld *Tabellenname* den zukünftigen Tabellennamen ein

Anschließend wählen Sie die Option *Definition* aus, denn es soll nur der grundlegende Aufbau, aber nicht die Daten der alten Tabelle übernommen werden (siehe Abbildung 5.30).

Klicken Sie auf *Weiter*.

Im nächsten Dialogfenster übernehmen Sie alle *Vorhandenen Spalten* mit der Schaltfläche >> und klicken abschließend auf *Fertigstellen*, um die neue Tabelle anzulegen (siehe Abbildung 5.31).

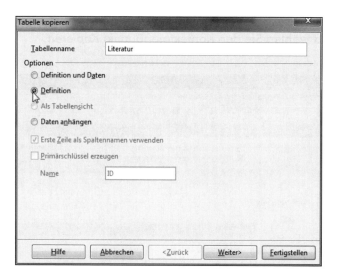

Abb. 5.30: Die Struktur der Tabelle übernehmen

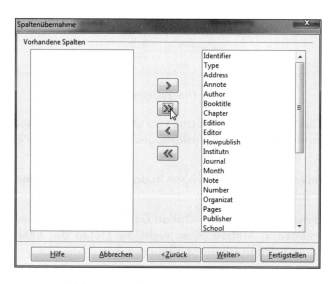

Abb. 5.31: Alle Felder übernehmen

> **TIPP**
>
> Wenn Sie sich ein bisschen mit Base auskennen oder sich ein wenig einarbeiten, dann werden Sie sicherlich nicht alle Spalten übernehmen, sondern nur die, die Sie auch wirklich benötigen.

Nachdem die neue Tabelle erstellt wurde, klicken Sie diese doppelt an und können nun mit der Eingabe Ihrer Literatur beginnen.

> **TIPP**
>
> Zur Orientierung ist es hilfreich, wenn Sie sich zuvor einmal die Tabelle *biblio* näher anschauen.

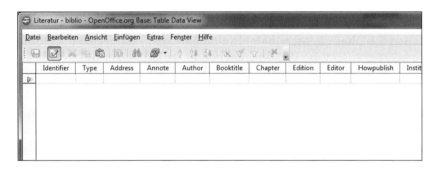

Abb. 5.32: Die Datenbank wartet auf Ihre Eingaben

Sind Sie fertig, sollten Sie das Speichern nicht vergessen und dann Base schließen.

Datenbank-Tabellenwechsel

Zurück in Writer muss die Literaturdatenbank-Tabelle über *Extras / Literaturdatenbank* umgeschaltet werden.

Klicken Sie dazu auf das Listenfeld *Tabelle* und wählen Sie die Tabelle *Literatur* aus.

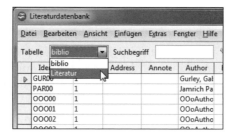

Abb. 5.33: Die Tabelle umschalten

Literaturverzeichniseintrag

Bevor Sie das eigentliche Literaturverzeichnis einfügen können, müssen Sie noch die entsprechenden Informationen im Text platzieren, welche der erfassten Werke in dem Verzeichnis erscheinen sollen. Das geschieht über die Literaturverzeichniseinträge.

Rufen Sie über die Menübefehlsfolge *Einfügen / Verzeichnis / Literaturverzeichniseintrag* das entsprechende Dialogfenster auf.

In diesem Dialogfenster achten Sie darauf, dass die Option *Aus Literaturdatenbank* aktiviert ist. Im Listenfeld *Kurzbezeichnung* wählen Sie das Werk aus, dass Sie in Ihrer Arbeit verwendet haben. Dort befindet sich zwar nur eine Ziffer, doch wenn Sie einen Eintrag auswählen, werden Ihnen darüber Autor und Titel eingeblendet.

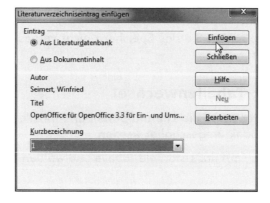

Abb. 5.34: Einen *Literaturverzeichniseintrag einfügen*

Klicken Sie dann auf *Einfügen,* um den ersten Eintrag vorzunehmen.

Verfahren Sie dann auf diese Weise mit allen Werken, die Sie in Ihr Literaturverzeichnis aufnehmen wollen.

Sind Sie fertig, klicken Sie auf *Schließen,* um den Vorgang abzuschließen.

Die Literaturverweise werden in eckige Klammern eingefügt.

Abb. 5.35: Zwei eingefügte Literaturverzeichniseinträge

Da diese im Regelfall nicht ausgedruckt werden sollen, müssen Sie diese abschließend noch (für den Drucker) unsichtbar machen.

Markieren Sie dazu die Einträge und rufen Sie über die Menübefehlsfolge *Format / Zeichen* das gleichnamige Dialogfenster auf. Im Register *Schrifteffekt* finden Sie das Kontrollkästchen *Ausgeblendet,* dass Sie aktivieren müssen.

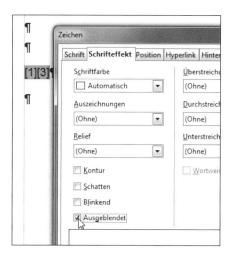

Abb. 5.36: Die Literaturverzeichniseinträge ausblenden

Wenn Sie das Dialogfenster mit OK schließen, werden Sie unter den Literaturverzeichniseinträgen eine gepunktete Linie ausmachen, die Ihnen signalisiert, dass diese Zeichen nicht gedruckt werden.

Literaturverzeichnis einfügen

Sind diese Vorarbeiten abgeschlossen, dann lässt sich das Literaturverzeichnis wieder auf schon gewohnte Weise einfügen:

Platzieren Sie den Cursor an der Stelle, an der das Literaturverzeichnis erscheinen soll, und wählen Sie dann wieder die Menübefehlsfolge *Einfügen / Verzeichnisse / Verzeichnisse*.

Im folgenden Dialogfenster *Verzeichnis einfügen* stellen Sie den *Typ Literaturverzeichnis* ein.

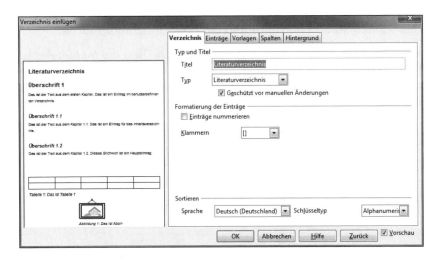

Abb. 5.37: Den *Typ Literaturverzeichnis* wählen

Sind für die Titelangaben von Büchern und anderen Schriften Vorgaben vorhanden, dann wechseln Sie noch auf die Registerkarte *Einträge*.

Im Bereich *Struktur und Formatierung* können Sie nun die gewünschten Elemente nach Auswahl aus der Liste einfügen und entsprechend anordnen. Die Trennzeichen zwischen den einzelnen Angaben fügen Sie einfach per Tastatur ein.

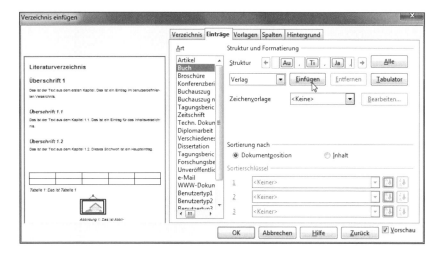

Abb. 5.38: Die Einträge festlegen

Mit einem Klick auf OK fügen Sie dann das Literaturverzeichnis ein.

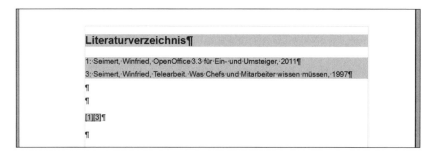

Abb. 5.39: Das eingefügte Literaturverzeichnis

6 Effizient arbeiten: Nützliche Hilfsmittel

Ziele

▷ Schneller mit Textbausteinen und automatischen Korrekturen unnötige Eingaben und Fehler vermeiden

▷ Fehler durch effektive Korrekturmaßnahmen finden und eliminieren

▷ Ausdrucke ohne Probleme bewältigen

Schritte zum Erfolg

▷ Textbausteine anlegen und die *AutoKorrektur* einsetzen

▷ Silbentrennung und Rechtschreibung verwenden

▷ Doppelte oder ähnliche Begriffe mithilfe des Thesaurus vermeiden

▷ Drucke richtig vorbereiten und durchführen

▷ Verarbeiten von Microsoft-Office-Dateien

▷ Erstellung einer eigenen Symbolleiste

▷ Die Arbeit im PDF-Format speichern

Gerade wenn Sie längere Texte mit Writer erstellen, fallen eine Menge lästige Routinearbeiten an. Doch es gibt eine Reihe von praktischen Helferlein, die das Arbeiten erheblich vereinfachen und beschleunigen.

Des Weiteren sollten Sie, bevor Sie Ihre Texte ausdrucken bzw. abgeben, diese mittels der umfangreichen Korrekturmöglichkeiten überprüfen. Und schließlich gilt es auch beim Drucken einiges zu beachten. Was das ist, erfahren Sie in diesem Kapitel.

Schneller arbeiten

Eine wissenschaftliche Arbeit zu erstellen, kann ganz schön viel Zeit in Anspruch nehmen. Da ist es gut, dass Writer ein paar Hilfsmittel an Bord hat, die einem den Alltag erleichtern.

»AutoText« und TBS

Sie benutzen schon länger OpenOffice und haben *TBS* noch nicht gehört? Nun die Abkürzung steht für *Textbausteine,* die in OpenOffice als *AutoText* bezeichnet werden. Der immense Vorteil der Textbausteine ist, dass man damit häufig verwendete Textpassagen immer wieder bei Bedarf mithilfe von Tastenkombinationen schnell in den Text einfügen kann.

Nehmen wir beispielsweise die Grußformel. Ist es nicht mühsam, stets mit freundlichen Grüßen gefolgt von seinem Namen zu schreiben?

Deshalb soll in Zukunft die Grußformel einfach mit der Eingabe eines simplen gruß in das Writer-Dokument eingefügt werden.

AutoText erstellen

Zunächst müssen Sie den Textteil markieren, der als *AutoText* abgespeichert werden soll.

Abb. 6.1: Die Grußformel als *AutoText* anlegen

Dann rufen Sie über das Menü *Bearbeiten / AutoText* das Dialogfenster *AutoText erstellen* auf.

Abb. 6.2: Einen neuen Textbaustein anlegen

Da Sie das sicherlich in Zukunft häufiger machen werden, können Sie sich hier gleich die Tastenkombination [Strg] + [F3] merken.

Sie erhalten das Dialogfenster *AutoText*.

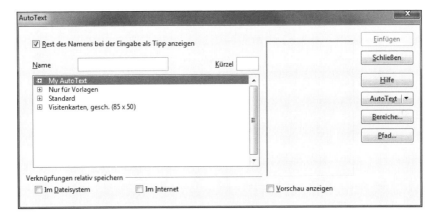

Abb. 6.3: Das Dialogfenster *AutoText* steht bereit

Wählen Sie zunächst durch Markieren eine Kategorie zum Speichern des neuen Textbausteins aus.

Geben Sie im Feld *Name* einen Namen ein, der länger als vier Zeichen ist. So können Sie die *AutoText*-Option *Rest des Namens bei der Eingabe als Tipp anzeigen* verwenden.

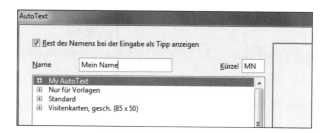

Abb. 6.4: Den Textbaustein benennen

Als *Kürzel* werden Ihnen jeweils die ersten Buchstaben vorgeschlagen. Je nach Wunsch können Sie dieses aber abändern.

In diesem Fall soll hier name verwendet werden, geben Sie dies in das Feld ein.

Dann klicken Sie auf *AutoText* und wählen *Neu*.

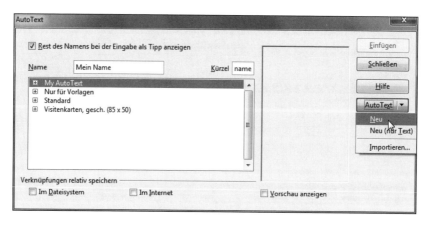

Abb. 6.5: Der eigentliche Definitionsvorgang

Das war es dann auch schon.

Der neu definierte Textbaustein wird in der Liste angezeigt.

Klicken Sie einmal auf das Pluszeichen, um den Eintrag einzusehen.

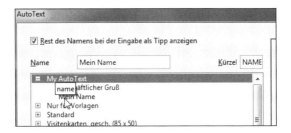

Abb. 6.6: Der neu erstellte *AutoText*

Mit einem Klick auf Schließen beenden Sie die Definition.

Wenn Sie in Zukunft die Grußformel setzen möchten, dann müssen Sie lediglich das Schlüsselwort name eingeben.

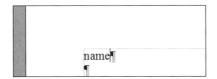

Abb. 6.7: Das Kürzel schreiben und ...

Anschließend müssen Sie lediglich sofort die [F3]-Taste betätigen und der Textbaustein wird eingefügt.

Abb. 6.8: ... und [F3] drücken

AutoText verwalten

Ab und an wird es vorkommen, dass Sie einen Textbaustein verändern wollen, etwa weil sich der gewünschte Text etwas verändert oder sich erledigt hat.

In ersten Fall fügen Sie den *AutoText* auf bekannte Weise in den Text ein und nehmen die Änderung vor.

Dann markieren Sie ihn und rufen das Dialogfenster *AutoText* ([Strg] + [F3]) auf.

Markieren Sie in der Liste den ursprünglichen Textbaustein und wählen Sie im Listenfeld der Schaltfläche *AutoText* den Eintrag *Ersetzen* aus.

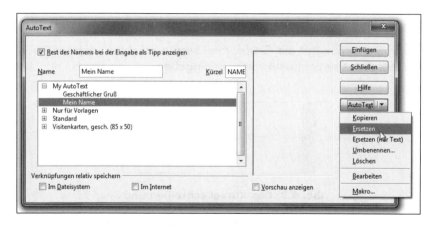

Abb. 6.9: Den Textbaustein neu definieren

Soll ein Textbaustein entfernt werden, dann suchen Sie den zu löschenden Textbaustein und markieren ihn.

Mit einem Klick auf den Menüeintrag *Löschen* (aus dem Listenmenü der Schaltfläche *AutoText*) gehört er dann der Vergangenheit an.

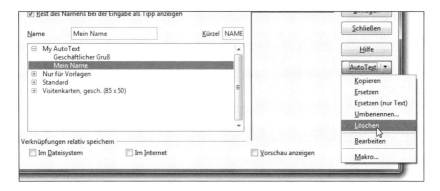

Abb. 6.10: Einen *AutoText*-Eintrag entfernen

AutoKorrektur

»Rächtschreibfehler« sind etwas Nervendes – nicht erst seit der Rechtschreibreform. Und vielleicht geht es Ihnen wie mir, dass Sie des Öfteren Buchstabendreher wie »Betreibswirtschaft« produzieren.

Achten Sie zunächst darauf, dass die automatische Rechtschreibprüfung aktiviert ist.

Abb. 6.11: Ist die Funktion eingeschaltet?

Um solche kleinen Fehler gleich bei der Eingabe zu eliminieren, setzen Sie die *AutoKorrektur* ein. Dieses Werkzeug ersetzt dann gleich bei der Eingabe Ihre Tippfehler.

Die schnellste Art, OpenOffice Ihre Fehler beizubringen, ist, dass Sie das Wort einmal falsch schreiben (was meistens dann Probleme macht, wenn man es tun soll!).

Schreiben Sie einmal beispielsweise in Writer das Wort Rächtschreibfehler (wenn ich es muss, muss ich mich höllisch anstrengen!).

Wenn Sie anschließend ein Leerzeichen oder einen Punkt setzen, markiert Writer das Wort sofort als falsch (weil es ja nicht in dem Wörterbuch von Writer verzeichnet ist).

Nun klicken Sie mit der rechten Maustaste in das falsch geschriebene Wort und wählen den Eintrag *AutoKorrektur* aus. Wenn Sie Glück haben, hat Writer erkannt, was Sie eigentlich wollten, und schlägt Ihnen die richtige Schreibweise vor.

Abb. 6.12: Ups, ein Fehler!

Dann müssen Sie nur den richtigen Vorschlag auswählen und anklicken.

In Zukunft ersetzt Writer automatisch das falsche Wort, sobald Sie dahinter ein Leerzeichen eingeben.

Abb. 6.13: Einen Tippfehler in Zukunft automatisch korrigieren lassen

Wenn das Wort nicht im Wörterbuch von Writer verzeichnet ist, müssen Sie einen etwas anderen Weg gehen. Möchten Sie beispielsweise

Ihren Namen nur noch per Monogramm, beispielsweise ws, eingeben und Writer soll automatisch *Winfried Seimert* daraus machen, dann gehen Sie wie folgt vor:

Markieren Sie die betreffende Passage mit dem gewünschten Bausteintext und rufen Sie danach die Menübefehlsfolge *Extras / AutoKorrektur-Optionen* auf.

Sie gelangen in das gleichnamige Dialogfenster, bei dem die Registerkarte *Ersetzung* bereits aktiviert ist.

Im Feld *Ersetzen durch* ist bereits die markierte Passage eingetragen.

Sie müssen lediglich im Feld *Kürzel* eine ebensolche – im Beispielfall das Monogramm – eintragen.

TIPP

Die *AutoKorrektur* kann man auch dazu einsetzen, häufige Tippfehler automatisch beseitigen zu lassen. Schreiben Sie beispielsweise öfters »Betreibswirtschaft« statt »Betriebswirtschaft«, dann können Sie das hier automatisch korrigieren lassen.

Klicken Sie auf *Neu,* damit das Kürzel in die Liste aufgenommen wird.

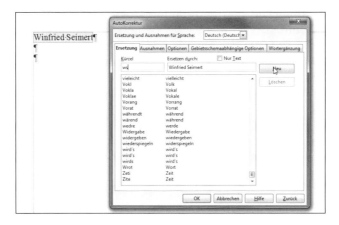

Abb. 6.14: Hier nehmen Sie die Eingaben vor

Ihre Eingaben beenden Sie über die Schaltfläche *OK*.

Wenn Sie nun die Buchstabenkombination des Monogramms eintippen und danach entweder ein Leerzeichen eingeben oder die ⏎-Taste betätigen, wird automatisch der volle Name wiedergegeben.

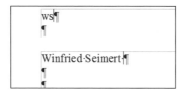

Abb. 6.15: Die *AutoKorrektur* in Aktion

Microsoft-Office-Dateien

Sie verfügen (noch) über eine stattliche Zahl von Word-, Excel- und PowerPoint-Dateien und sind jetzt auf OpenOffice umgestiegen? Keine Sorge, die können Sie mit OpenOffice problemlos öffnen, weiterbearbeiten und so abspeichern, dass man sie auch wieder in Word, Excel oder PowerPoint öffnen kann.

Hierbei gehen Sie wie gewohnt vor:

Zunächst öffnen Sie das betreffende Dokument mit dem entsprechenden OpenOffice-Modul. Dabei achten Sie lediglich darauf, dass im Listenfeld *Dateityp* der Eintrag *Alle Dateien (*.*)* steht. Wenn Sie mögen, können Sie natürlich auch den entsprechenden Microsoft-Office-Dateityp einstellen (siehe Abbildung 6.16).

> **TIPP**
>
> Die Liste enthält zwar nicht den Dateityp Microsoft Office 2010. Ein Test ergab jedoch, dass diese Dateien ebenfalls problemlos zu öffnen sind.

Möchten Sie ein OpenOffice-Dokument an jemanden weiterreichen, der mit Microsoft Word arbeitet, wählen Sie zum Speichern die Menübefehlsfolge *Datei / Speichern unter*.

Im Feld *Dateityp* wählen Sie den gewünschten Dateityp aus.

Abb. 6.16: OpenOffice öffnet auch Microsoft-Office-2007-Dateien

Wenn Sie die Datei für Microsoft Office 2003 bzw. 2007 (oder auch 2010) lesbar machen wollen, wählen Sie das *XML*-Format.

Abschließend klicken Sie noch auf *Speichern* und nehmen das folgende Hinweisfenster zur Kenntnis.

Dieser Hinweis besagt nichts anderes, als dass Microsoft Word natürlich nichts mit Writer-spezifischen Formatierungen anfangen kann. Im Regelfall werden Sie diese nicht verwenden und können deshalb beherzt auf *Aktuelles Format beibehalten* klicken. Sollten Sie unsicher sein, dann speichern Sie zur Sicherheit das Dokument einmal im OpenOffice-Format ab (Schaltfläche *Im ODF Format speichern*) und probieren es dann einfach aus. Geht es schief, haben Sie noch immer das Original-OpenOffice-Dokument.

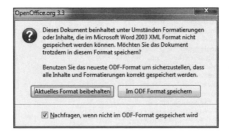

Abb. 6.17: Ein Hinweis, den es zu beachten gilt

Möchten Sie vorhandene Microsoft-Office- oder StarOffice-Dateien für die ständige Bearbeitung in OpenOffice bereitstellen, dann sollten Sie diese umwandeln.

Dieser Vorgang verläuft dialoggesteuert über den *Dokumenten-Konverter*, den Sie über das Menü *Datei / Assistenten* aufrufen können.

Nachdem Sie diesen gestartet haben, wählen Sie den gewünschten Dokumenttyp einfach aus.

Abb. 6.18: Der Dokumenten-Konverter erleichtert den Umstieg

Ihre Wahl bestätigen Sie mit *Weiter*, um in das nächste Dialogfenster zu gelangen. In diesem müssen Sie noch die Speicherorte auswählen und schon kann es losgehen.

Symbolleisten

In den einzelnen Modulen stehen Ihnen eine Reihe von Symbolleisten zur Verfügung, die Sie alle über die Menübefehlsfolge *Ansicht / Symbolleisten* ein- bzw. ausblenden können. Befindet sich ein aktiviertes Häkchen vor dem Menüpunkt, wird die Symbolleiste angezeigt, ansonsten ist sie ausgeblendet.

Auch wenn beispielsweise Writer schon recht viele Symbolleisten mitliefert, bietet es sich an, eine eigene Symbolleiste für das wissenschaftliche Arbeiten zu erstellen. So haben Sie sofort an einer Stelle Zugriff auf häufig von Ihnen verwendete Befehle.

Dazu müssen Sie zunächst lediglich im Menü *Ansicht / Symbolleisten* auf den letzten Menüpunkt *Anpassen* klicken.

Sie gelangen in das gleich lautende Dialogfenster.

Abb. 6.19: Das Dialogfenster zum *Anpassen*

Achten Sie hier darauf, dass Sie sich auf der Registerkarte *Symbolleisten* befinden. Gegebenenfalls klicken Sie auf die entsprechende Registerkarte. Hier sind alle Symbolleisten im Listenfeld *Symbolleisten* aufgeführt.

Um der Liste eine neue Symbolleiste hinzuzufügen, klicken Sie auf die Schaltfläche *Neu*.

Sie erhalten das Dialogfenster *Name*.

Abb. 6.20: Das Dialogfenster zum Anlegen einer neuen Symbolleiste

Überschreiben Sie zunächst im Feld *Name der Symbolleiste* den nichtssagenden Vorgabenamen *Neue Symbolleiste 1* durch einen einprägsameren Namen, beispielsweise Wissenschaftliche Arbeiten.

Im Listenfeld *Speichern in* müssen Sie eine wichtige Entscheidung treffen. Hier wählen Sie nämlich aus, wo die Symbolleiste gespeichert werden soll. In unserem Fall bietet es sich an, die Symbolleiste nur in dem Dokument *Seminararbeit.odt* zu speichern.

Abb. 6.21: Den Speicherort für die Symbolleiste

Bestätigen Sie dann Ihre Wahl mit *OK*.

Nun gilt es, die Leiste mit den Befehlen zu füllen.

Klicken Sie auf die Schaltfläche *Hinzufügen*. Dadurch erhalten Sie das Dialogfenster *Befehle hinzufügen*.

In diesem suchen Sie im linken Bereich die gewünschte Befehlssammlung und anschließend im rechten Bereich den entsprechenden Befehl.

Mit einem Klick auf *Hinzufügen* wird dieser in die Symbolleiste aufgenommen.

Abb. 6.22: Einen Befehl aufnehmen

Wenn Sie fertig sind, klicken Sie auf die Schaltfläche *Schließen*.

Wenn Sie mögen, können Sie auf der Registerkarte *Symbolleisten* noch über die beiden Pfeile am rechten Rand der Liste die Reihenfolge der Befehle umordnen.

Abb. 6.23: Die Anordnung ändern

Mit OK schließen Sie dieses Fenster.

Falls Sie nun Ihre neue Symbolleiste suchen, schauen Sie einmal auf die rechte Seite der vorhandenen Symbolleisten. Vermutlich ist Sie dort eingerastet.

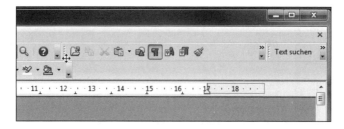

Abb. 6.24: Ihre erste eigene Symbolleiste

Sollte die Symbolleiste wider Erwarten nicht sichtbar sein, rufen Sie die Menübefehlsfolge *Ansicht / Symbolleisten* auf und schauen, ob sich ein Häkchen vor Ihrer Leiste befindet.

Die Leiste können Sie herausziehen. Zeigen Sie dazu auf die Linie mit den fünf Punkten, die sich am Anfang jeder Leiste befindet, und ziehen Sie diese mit gedrückter Maustaste heraus.

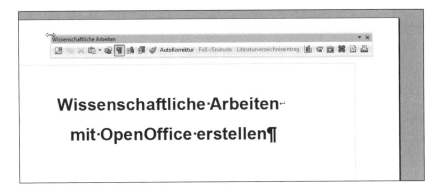

Abb. 6.25: Die neue Leiste herausziehen

Kurz vor Schluss: Korrekturmaßnahmen

Niemand ist perfekt. Deshalb sollten Sie umfangreiche Korrektur- und Kontrollmaßnahmen ergreifen, wenn Ihre Arbeit in den Grundzügen steht. Hierzu stellt Ihnen Writer eine Reihe von Optionen zur Verfügung, die Sie auch nutzen sollten.

Suchen und ersetzen

Eine der wichtigsten Funktionen ist das Suchen nach bestimmten Wörtern oder Zeichenfolgen. Mit dieser Funktion können Sie bestimmte Textstellen in Ihrer Publikation aufsuchen, um beispielsweise eine bestimmte Änderung vorzunehmen. Gerade in langen Texten kann das ohne diese Funktion sehr aufwendig und zeitintensiv sein.

Wenn Sie in einem langen Text eine bestimmte Textstelle suchen, haben Sie mit Writer die Möglichkeit, den Text nach Wörtern oder auch Formatierungszeichen und Formaten absuchen und bei Bedarf sogar durch andere Wörter oder Formatierungszeichen und Formate ersetzen zu lassen.

> **TIPP**
>
> Die Funktion *Suchen & Ersetzen* finden Sie in ähnlicher Form in allen OpenOffice-Modulen.

In einem solchen Fall positionieren Sie den Cursor an den Anfang des Dokuments ([Strg] + [Pos1]) und klicken in der Symbolleiste auf die entsprechende Schaltfläche *Suchen & Ersetzen*.

Abb. 6.26: Die Suche aufrufen

Alternativ können Sie auch die Tastenkombination [Strg] + [F] verwenden.

Im folgenden Dialogfenster tragen Sie in das Listenfeld *Suchen nach* das zu suchende Wort, beispielsweise Gasse, ein.

Wenn Sie dann auf die Schaltfläche *Suchen* klicken, stoppt Writer bei der ersten Fundstelle und markiert diese.

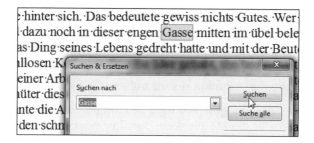

Abb. 6.27: Und schon wurde das Wort gefunden

Um die nächste Stelle ausfindig zu machen, klicken Sie erneut auf *Suchen* und die Suche stoppt wieder beim nächsten Fund.

Mit den beiden Kontrollkästchen *Groß-/Kleinschreibung* und *Nur ganze Wörter* können Sie die Suche verfeinern und ganz genau abstimmen. Im ersten Fall werden nur Worte gefunden, die der Schreibweise entsprechen (gasse würde beispielsweise nicht gefunden) und im zweiten Fall wird nur das eingegebene Wort gesucht, aber keine Wortvarianten (Gassenhauer würde nicht gefunden).

Abb. 6.28: Die Suche einschränken

Möchten Sie die Suchoptionen noch weiter einschränken, dann klikken Sie auf die Schaltfläche *Mehr Optionen*.

Im erweiterten Dialogfenster können Sie mittels Kontrollkästchen weitere Einstellungen vornehmen.

Abb. 6.29: Der erweitere *Suchen & Ersetzen*-Dialog

Die einzelnen *Suchoptionen* haben dabei folgende Bedeutung:

➪ *Nur in Selektion:* Dieses Kontrollkästchen ist nur dann aktiv, wenn Sie im Text eine Passage markiert haben. Die Suche beschränkt sich dann auf die Markierung.

➪ *Rückwärts:* Im Normalfall wird der Text ab der Cursorposition zum Ende hin durchsucht. Wünschen Sie eine Suche in umgekehrter Richtung, muss dieses Kontrollkästchen aktiviert werden.

⇨ *Regulärer Ausdruck:* Wenn dieses Kontrollkästchen aktiviert ist, dann wird das Wort in genau der Schreibweise gesucht, wie es unter *Suchen nach* eingegeben wurde.

⇨ *Ähnlichkeitssuche:* Möchten Sie ein ähnliches Wort finden, dann muss dieses Kontrollkästchen aktiviert sein. Nach einem Klick auf die Schaltfläche mit den drei Punkten können Sie die Ähnlichkeit genauer einstellen.

⇨ *Suche nach Vorlagen:* Diese Option bietet die Möglichkeit, bestimmte Vorlagen zu suchen.

⇨ *Kommentare:* In diesem Fall werden auch die Kommentare durchsucht.

⇨ *Attribute:* Über diese Schaltfläche können bestimmte Texteigenschaften gefunden werden.

⇨ *Format:* Mithilfe der Optionen des folgenden Dialogfensters können Sie eine ganz bestimmte Formatierung im Text ausfindig machen.

Wenn Sie z.B. ein Wort durch ein anderes ersetzen wollen, dann können Sie im Dialogfenster *Suchen & Ersetzen* den neuen Begriff festlegen.

Abb. 6.30: Praktisch: *Suchen & Ersetzen*

Hier tragen Sie zunächst wie gehabt im Feld *Suchen nach* den Suchbegriff ein und geben den gewünschten neuen Begriff im Feld *Ersetzen durch* ein. Dann klicken Sie auf *Ersetzen*.

Writer ersetzt an der ersten Fundstelle den alten durch den neuen Begriff. Möchten Sie diese Vorgehensweise im gesamten Dokument auf einmal anwenden, dann klicken Sie auf *Ersetze alle*.

TIPP

Bei einem sehr langen Text bietet es sich an, die Schaltfläche *Ersetze alle* zu benutzen. Dazu sollten Sie aber sicher sein, dass auch alle Ersetzungen wie gewünscht erscheinen werden (*Nur ganze Wörter, Groß-/Kleinschreibung* usw.). Falls das Ergebnis nicht zu Ihrer Zufriedenheit ausfällt, klicken Sie auf *Rückgängig*. Dadurch werden alle Ersetzungen aufgehoben.

Silbentrennung

Große Lücken zwischen den einzelnen Wörtern im Blocksatz oder am rechten Rand bei linksbündiger Ausrichtung des Absatzes sehen unvorteilhaft aus. Dies zu verbessern, ist Aufgabe der Silbentrennung. Hier fügt Writer automatisch Trennstriche ein, um die Zeilen passender umbrechen zu können.

Am einfachsten ist es, die automatische Silbentrennung einzuschalten. Dazu müssen Sie lediglich über die Menübefehlsfolge *Format / Absatz* die Registerkarte *Textfluss* aufrufen und anschließend dort das Kontrollkästchen *Automatisch* im Bereich *Silbentrennung* aktivieren.

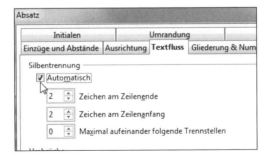

Abb. 6.31: Die automatische Silbentrennung aktivieren

Effizient arbeiten: Nützliche Hilfsmittel

Die automatische Silbentrennung ist recht zuverlässig. Trotzdem kann es bei bestimmten Wörtern angebracht sein, dass Sie die Silbentrennung beeinflussen (»Ur-instinkt« ist besser getrennt als »Urinstinkt«!).

In diesem Fall können Sie direkt noch im Text die Trennung beeinflussen: Positionieren Sie den Cursor an die entsprechende Stelle und drücken Sie Strg + - (oder wählen die Menübefehlsfolge *Einfügen / Formatierungszeichen / Weicher Trenner*). Dadurch setzen Sie einen *Weichen Trenner,* der am Ende einer Zeile erscheint, aber nicht als Strich in Erscheinung tritt, wenn das Wort nicht im Randbereich steht. (Wenn Sie diesen Trennstrich auch in der Mitte der Zeile sehen, liegt das daran, dass Sie die Formatierungszeichen eingeblendet haben: Klicken Sie in diesem Fall auf das Symbol ¶ *einblenden/ausblenden.*)

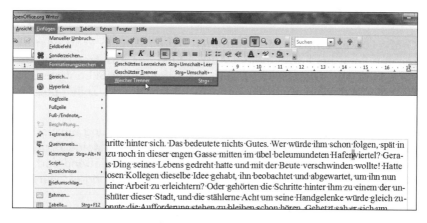

Abb. 6.32: Einen weichen Trennstrich setzen

TIPP

Benutzen Sie auf keinen Fall den normalen Bindestrich als Trennstrich. Er würde bei Änderungen am Text auch gedruckt, wenn das Wort gar nicht getrennt wird, z.B. in der Mitte einer Zeile.

Ab und an kommen Trennzeichen vor, bei denen allerdings nicht getrennt werden sollte. Beispielsweise würde die Firma Müller-Lüdenscheidt am Ende einer Zeile auseinandergerissen werden. Um zu verhindern, dass zwei Wörter, die bei einem normalen Bindestrich am Ende einer Zeile getrennt würden, und statt dessen dafür zu sorgen, dass sie wie ein Wort behandelt und gemeinsam in die nächste Zeile geschrieben werden, setzt man einen *Geschützen Trenner* ein. In diesem Fall wird der normale Bindestrich entfernt (bzw. erst gar nicht gesetzt) und an der betreffenden Stelle über die Menübefehlsfolge *Einfügen / Formatierungszeichen / Geschützter Trenner* bzw. betätigen von [Strg] + [⇧] + [-] ein geschützter Bindestrich eingefügt.

Manchmal gilt es, zu vermeiden, dass zwei Wörter durch einen Zeilenumbruch getrennt werden. Beispielsweise sollte die Müller AG stets zusammenstehen. Um zwei Wörter, die mit einem normalen Leerzeichen am Ende einer Zeile getrennt würden, wie ein Wort zu behandeln und gemeinsam in die nächste Zeile zu schreiben, setzt man ein geschütztes Leerzeichen ein. Dazu platzieren Sie den Cursor an die Stelle, an der das Leerzeichen steht, löschen dieses und rufen die Menübefehlsfolge *Einfügen / Formatierungszeichen / Geschütztes Leerzeichen* auf bzw. betätigen an dieser Stelle die Tastenkombination [Strg] + [⇧] + [Leer].

Rechtschreibung

Wie jedes moderne Textverarbeitungsprogramm verfügt auch Writer über eine Rechtschreibprüfung. Mit den elektronischen Wörterbüchern und der Rechtschreibprüfung ist es allerdings immer so eine Sache. Einerseits ist diese Funktion für Vielschreiber, wie etwa Autoren, eine feine Angelegenheit, andererseits ist es auch oft eine Qual, bis man dem Programm seinen Wortschatz mühselig beigebracht hat. Die Rechtschreibprüfung arbeitet nämlich so, dass ein zu prüfender Text Wort für Wort durchgegangen wird. Dabei wird die Schreibweise mit der in den vorhandenen Wörterbüchern verglichen. Findet das Programm das Wort nicht in seiner Wörterbuchdatei, stoppt es und meldet, dass ein Fehler vorliegen könnte. In einem Dialogfenster können Sie nun diesen Fehler korrigieren oder, falls die Schreibweise richtig war und Sie beim nächsten Mal nicht darüber stolpern möchten, das Wort dem Wörterbuch hinzufügen.

Die Rechtschreibprüfung können Sie jederzeit durchführen.

Die Rechtschreibprüfung durch ein Textverarbeitungsprogramm bedeutet nichts anderes, als dass jedes Wort einzeln geprüft wird. Es bedeutet leider noch nicht, dass Ihr Dokument fehlerfrei ist, wenn keine Rechtschreibfehler angezeigt werden. Denn wenn Sie beispielsweise statt Nachname (im Sinne von Hausname) Nachnahme (Art der Beförderung) schreiben, erhalten Sie keine Fehleranzeige.

TIPP

Die Rechtschreibprüfung von Writer legt die neue deutsche Rechtschreibung zugrunde.

Sicher haben Sie schon die roten Wellenlinien unter einigen Wörtern beim Schreiben wahrgenommen. Writer macht sich bemerkbar, weil in dem mitgelieferten Wörterbuch diese rot gekennzeichneten Wörter nicht enthalten sind. Dafür kann es folgende Gründe geben:

⇨ Sie haben sich tatsächlich vertippt (oder waren der Meinung, dass dieses Wort anders geschrieben wird).

⇨ Das Wort ist richtig geschrieben, aber es handelt sich beispielsweise um einen Eigennamen, wie z.B. Seimert und diesen kennt Writer (noch) nicht.

⇨ Das Wort ist richtig geschrieben, aber es handelt sich um ein Wort aus einer anderen Sprache.

Die Korrektur bei angezeigten Tippfehlern ist schnell in Writer durchzuführen. Sobald Sie das Wort mit einem Leerzeichen oder einem Satzzeichen beenden, erscheint die rote Wellenlinie. Zeigen Sie nun mit dem Mauszeiger auf dieses Wort und rufen Sie durch Klicken mit der rechten Maustaste das Kontextmenü auf. Nun brauchen Sie das richtige Wort nur noch durch Anklicken herauszusuchen und die Korrektur ist fertig (siehe Abbildung 6.33).

Bei Eigennamen oder speziellen Wörtern haben Sie zwei Möglichkeiten: Entweder teilen Sie Writer mit, dass dieses Wort nicht geprüft werden soll. Dazu wählen Sie aus dem schon erwähnten Kontextmenü den Befehl *Alle ignorieren* aus. Danach verschwinden alle roten Linien unter dem betreffenden Wort. Ignoriert wird dieses Wort jedoch nur in diesem Dokument.

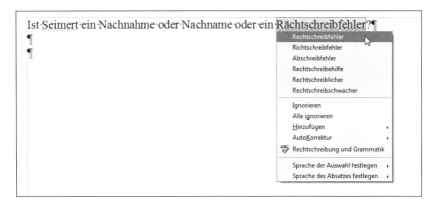

Abb. 6.33: Schnelle Korrektur durchs Kontextmenü

Wünschen Sie die automatische Rechtschreibprüfung auszuschalten, dann klicken Sie auf die Schaltfläche *Automatisch prüfen,* die Sie auf der Symbolleiste *Standard* finden.

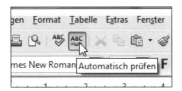

Abb. 6.34: Die Schaltfläche für die automatische Prüfung

Sie können die Rechtschreibprüfung auch dialoggesteuert vornehmen.

In diesem Fall klicken Sie auf die Schaltfläche *Rechtschreibung und Grammatik* oder drücken F7.

Nun werden Rechtschreibung und Grammatik zusammen überprüft. Die Hinweise auf die Rechtschreibung erfolgen in Rot, die Grammatik-Anmerkungen in Grün.

Abb. 6.35: Rechtschreibfehler auf die klassische Art prüfen

Wörterbuch

Verwenden Sie ein Wort häufiger in verschiedenen Dokumenten, dann sollten Sie dieses Wort in das Wörterbuch aufnehmen. Wählen Sie dazu im Kontextmenü den Befehl *Hinzufügen*.

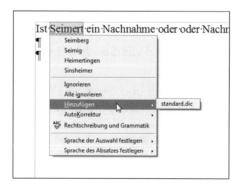

Abb. 6.36: Ein unbekanntes Wort aufnehmen

Typografische Hürden

Leider gibt es auch Fehler, die die besten Korrekturmodule nicht finden. Beispielsweise spielt Ihnen Writer öfters einen Streich bei der Unterscheidung von Binde- und Halbgeviertstrich. Ersterer wird eingesetzt, um beispielsweise ein Wort zu trennen. Ein Halbgeviertstrich wird dagegen genommen, um bestimmte Gedanken – etwa wie diesen – von dem Satz zu trennen.

Derartige Sonderzeichen fügen Sie über das Dialogfenster *Sonderzeichen* ein, das Sie nach Aufruf der Menübefehlsfolge *Einfügen / Sonderzeichen* erhalten.

Hier aktivieren Sie das Listenfeld *Bereich* und suchen sich die gewünschte Sonderzeichenzusammenstellung aus.

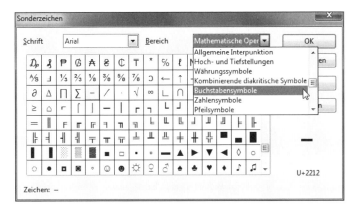

Abb. 6.37: Sonderzeichen verwenden

Thesaurus

Wenn man längere Textpassagen schreibt, kommt es ab und an vor, dass man ein bestimmtes Wort ständig wiederholt. Nicht immer wird Ihnen gleich eine andere Variante einfallen und Sie werden nach Ihrem Synonymwörterbuch Ausschau halten. Doch das muss nicht sein, denn Writer verfügt über eine solche eingebaute Funktion, hier als *Thesaurus* bezeichnet.

Um einen ähnlichen Begriff zu finden, müssen Sie lediglich das betreffende Wort markieren und dann die Menübefehlsfolge *Extras / Sprache / Thesaurus* auswählen (schneller geht es in Zukunft, wenn Sie sich die Tastenkombination Strg + F7 merken).

Writer zeigt Ihnen daraufhin in dem betreffenden Dialogfenster ähnliche Wörter an, die Sie mit einem einfachen Klick einfügen können.

Abb. 6.38: Der Thesaurus

Zeichen, Wörter und Zeilen zählen

Bestimmte Arbeitsanweisungen enthalten Vorgaben, wie viele Wörter oder Anschläge (Zeichen) eine Arbeit maximal umfassen darf. Bevor Sie jetzt zum Abakus greifen, lassen Sie diese Arbeit von Writer erledigen.

Sie müssen lediglich auf den Menüpunkt *Extras* klicken, den Eintrag *Wörter zählen* auswählen und schon erhalten Sie eine detaillierte Übersicht.

Abb. 6.39: Schnell mal die Anschläge zählen

Drucksachen

Sicher, ein Klick auf die Schaltfläche *Drucken* genügt meistens. Doch wie oft haben Sie sich schon geärgert, dass beispielsweise zu viele Seiten ausgedruckt wurden?

Achtet man nicht darauf, wie viele Seiten ein Dokument hat, kann es vorkommen, dass man unabsichtlich ein Dokument mit sehr vielen Seiten ausdruckt, die man aber gar nicht alle benötigt. Um dies zu vermeiden, sollten Sie vor dem Drucken immer auf die Seitenanzahl achten (steht unterhalb des Dokuments auf der linken Seite der Statuszeile) und nur das ausdrucken, was auch wirklich benötigt wird.

Seitenansicht

Vor dem eigentlichen Ausdruck sollten Sie das Dokument in der sogenannten Seitenansicht betrachten. Dort wird Ihnen die Seite so angezeigt, wie der spätere Ausdruck aussieht.

In der Symbolleiste *Standard* finden Sie die Schaltfläche *Seitenansicht*.

Abb. 6.40: Die Vorschau aufrufen

Writer schaltet in die Seitenansicht und blendet gleichzeitig die dazugehörige Symbolleiste ein, über die Sie beispielsweise die Ansicht vergrößern oder auch wieder schließen können.

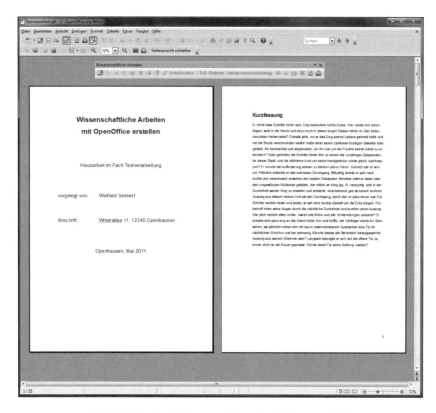

Abb. 6.41: Ein Dokument in der Seitenansicht

Drucken mit Kontrolle

Zum Drucken klicken Sie auf die *Datei*-Schaltfläche und wählen *Drucken* oder drücken Strg + P.

Hier sind nacheinander eventuell folgende Einstellungen vorzunehmen:

Im Listenfeld *Drucker* wählen Sie den Drucker aus, auf dem Sie drucken wollen (falls Ihnen mehrere Drucker zur Verfügung stehen).

Abb. 6.42: Den Drucker auswählen

Im Listenfeld *Exemplare* legen Sie fest, wie viele Kopien Sie benötigen.

Unter *Bereich und Kopien* können Sie bestimmen, was gedruckt werden soll. Insbesondere kommen hierbei folgende Optionen in Betracht:

⇨ *Alle Seiten:* Alle Seiten des Dokuments werden gedruckt.

⇨ *Seiten:* In dieses Listenfeld tragen Sie die Seiten an, die gedruckt werden sollen. Einzelne Seiten werden mit Semikolon getrennt (2;4), Seitenbereiche werden mit Bindestrich (5-10) geschrieben.

Mit einem Klick auf die Schaltfläche *Drucken* wird der Ausdruck mit den angegebenen Optionen gestartet.

Falls Sie es sich anders überlegt haben, betätigen Sie die Schaltfläche *Abbrechen*.

Erstellen von PDFs

Die Abkürzung *PDF* steht für *Portable Document Format* und findet immer mehr Verbreitung. Das ist auch kein Wunder, denn die in diesem Format veröffentlichten Dokumente enthalten alle Informationen zu Schriftarten, Grafiken und Druck in hoher Auflösung und benötigen zur Darstellung lediglich das kostenlose Programm *Adobe Reader*.

Alle OpenOffice-Module können dieses Format selbst herstellen.

Dazu müssen Sie lediglich auf die Schaltfläche *Direktes Exportieren als PDF* klicken und im folgenden Dialogfenster den Speicherort für die Datei einstellen (siehe Abbildung 6.43).

Abb. 6.43: Das Format wählen

Abschließend klicken Sie noch auf *Speichern* und schon haben Sie ein PDF in Ihrem Ordner.

Möchten Sie mehr Einfluss auf die PDF-Datei nehmen, wählen Sie den Weg über die Menübefehlsfolge *Datei / Exportieren als PDF*.

Im folgenden Dialogfenster *PDF-Optionen* können Sie auf vielfältige Weise die PDF-Erstellung beeinflussen (siehe Abbildung 6.44).

Beispielsweise können Sie über die Optionen der Registerkarte *Benutzeroberfläche* Einfluss auf die Darstellung im Adobe Reader nehmen oder auf der Registerkarte *Sicherheit* die entsprechenden Regeln treffen.

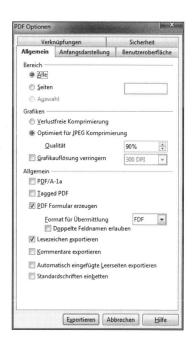

Abb. 6.44: Einfluss auf die PDF-Gestaltung nehmen

Index

A
Abbildungen 102, 151
　beschriften 151
Abbildungsverzeichnis 13, 147, 151
　erstellen 154
Abkürzungsverzeichnis 13
Absatzschaltung 29
Anhänge 14
Ankersymbol 108
Aufzählungen 88
Aufzählungszeichen 92
Aufzählungsliste an/aus 88
Automatische Silbentrennung 189

B
Base 159
Bestandteile einer wissenschaftlichen Arbeit 13
Bilder
　einfügen 102
Bindung 16

D
Danksagung 15
Dateien 22
Dateiendungen 24
Dateinamen 26
Dateinamenerweiterungen 23
　anzeigen 23
Dateiverwaltung 17
Digitalkamera 102
Dokument einrichten 16
Draw 102

Druck 16
Drucken mit Kontrolle 198
Drucksachen 197

E
Eidesstattliche Erklärung 14
Einarbeiten 15
Einleitung 14
Erstellen von PDFs 200

F
Filter 105
Formatvorlage 92
　Abbildung 153
　ändern 75
　Aufzählung/Nummerierung 92
　Fußnotentext 142
　Grafik 110
　Nummerierung 93
　Tabelle 154
　Überschrift(en) 94
　Überschrift 1 95
　Überschrift 2 95
　Überschrift 3 95
　Verzeichnis 1 148
　Verzeichnis 2 148
　FZitat 139
　zuweisen 84
Fußnote 140
Fußnotenzeichen 140

G
Gamma-Wert 106
Gliederung 96

Gliederung &
  Nummerierung 92
Glossar 14
Grafiken 102
  bearbeiten 104
  einfügen 102
  exakt positionieren 109
  frei platzieren 108
  Größe ändern 104
  Größe exakt einzustellen 104
  positionieren 108
Grammatik 193

H
Hauptteil 14
Helligkeit 106
Hintergrundfarbe 136
Horizontal spiegeln 107

I
Illustrator 102
Index 14, 156
Inhaltsverzeichnis 13, 147

K
Kapitelnummerierung 97
Kontrast 106
Korrektur 16
Kurzbeleg 140
Kurzfassung 13

L
Leerblatt 13
Linienstil 135
Linker Einzug 90
Literaturverzeichnis 14, 147, 159
  einfügen 166
Literaturverzeichniseintrag 164

M
Markieren
  in der Tabelle 130
Material 15

N
Nummerierte Elemente 88
Nummerierung 88, 92, 151
  an/aus 88
Nummerierungsvorlage 92

O
Ordnerstruktur 17, 20

P
PDF 200

Q
Quellen 138
Quellennachweise 138, 140

R
Rahmenlinienfarbe 135
Rechtschreibung
  neue deutsche 192
  und Grammatik 193

S
Scanner 102
Schärfen 105
Schatten bzw. Hintergrundfarbe 136
Schluss 14
Seitenansicht 197
Silbentrennung 189
  automatisch 190
Sinngemäße Zitate 138
Sonderzeichen 195
Speichern 18
Standardspeicherorte 26

Steuerzeichen 28
Stichwortverzeichnis 14, 147, 156
Synonymenwörterbuch 195

T
Tabelle
   Hintergrundfarbe 136
   markieren 130
Tabellenbeschriftung 153
Tabelle(nbestandteile)
   auswählen 130
Tabellenverzeichnis 13, 147
Textmarke 143, 145
   einfügen 145
Textteil 14
Thesaurus 195
Titelblatt 13
Transparenz 107
Typografische Hürden 195

U
Überschriften 147

V
Verankerung 109
Vertikal spiegeln 107
Verweise 143
Verzeichniseintrag
   einfügen 156

Verzeichnisse 146
Visuelle Hilfsmittel 87
Von OpenOffice.org verwendete
   Pfade 26
Vorgehensweise 15
Vorlage
   importieren 55
   katalogisieren 57
   verwalten 55
Vorwort 13

W
Weicher Trenner 190
Weichzeichnen 105
Widmung 13
Wissenschaftliches Schreiben 12
Wörterbuch 192, 194
Writer
   Ausdruck 198
   Weicher Trenner 190
   Wörterbuch 194

Z
Zeichen, Wörter und Zeilen
   zählen 196
Zeilenschaltung 29
Zitate 138

bhv PRAXIS

Winfried Seimert

OpenOffice 3.3
für Ein- und Umsteiger

Office für lau —
Textverarbeitung, Tabellen-kalkulation, Datenbank,
Präsentieren und Zeichnen

Umstieg ohne Umstand —
MS-Office-Daten in OpenOffice weiterverwenden

Perfekte Teamarbeit —
Zusammenarbeit von Writer und Base

- **Effizient! – Textverarbeitung mit Writer**
  Texte und Briefe erstellen, formatieren und gestalten; Vorlagen erzeugen und verwalten
- **Sortiert! – Datenbanken mit Base**
  Datenbanken, Tabellen, Formulare, Berichte und Abfragen
- **Kreativ! – Zeichnungen mit Draw**
  Logo und Organigramm erstellen
- **Überzeugend! – Präsentationen mit Impress**
  Präsentationen erstellen; Diagramm-, Grafik- und Tabellenfolien erzeugen
- **Kalkuliert! – Tabellenkalkulation mit Calc**
  Rechnungen erstellen; Rechnen mit Calc; Diagramme
- **Rationell! – Serienbriefe mit Writer und Base**
  Dokumente und Adressdaten in Teamarbeit

ISBN 978-3-8266-7536-2

Verlagsgruppe Hüthig Jehle Rehm GmbH • Augustinusstr. 9d • 50226 Frechen-Königsdorf • www.bhv-buch.de   (D) **€12,95**

Open Office 3.3

Winfried Seimert
624 Seiten

Das lizenzkostenfreie OpenOffice gilt als eines der besten kostenlosen Büropakete, läuft unter Windows, Linux und Mac OS, enthält alles, was man für die täglichen Büroarbeiten am Computer benötigt und bietet Privatpersonen und Unternehmen eine Alternative zum kostenpflichtigen Office-Paket von Microsoft. Wird es da nicht Zeit, es einmal auszuprobieren?

Dieses Buch soll Ihnen den Ein- oder Umstieg in das doch recht umfangreiche Programm erleichtern. Es richtet sich an alle, die sich für eine Alternative zu herkömmlichen Office-Programmen interessieren, die ein kostenloses Programm fürs Büro suchen und die sich zügig und ohne viel Theorie einarbeiten möchten. Anhand eines durchlaufenden Beispiels werden die wichtigsten praxisrelevanten Funktionen und Techniken vermittelt. Sie erfahren alles, was Sie für die tägliche Arbeit mit OpenOffice wissen müssen.

Auf der CD: OpenOffice.org 3.3 für Windows, Mac und Linux
sowie die Beispieldateien aus dem Buch

ISBN 978-3-8266-7541-6 (D) €19,95
www.bhv-buch.de